RAKE
VERLAG

D1734606

Anna Schrader & Jo Timsch

GESCHENKE FÜR ELTERN – VERZWEIFELT GESUCHT

DAS HANDBUCH FÜR MODERNES GESCHENKMARKETING

Unseren Eltern gewidmet,
die sich jetzt bestimmt über nichts mehr wundern.

1. Auflage 1999

‹info@rake.de›
www.rake.de
Umschlaggestaltung von Martina Russmann, Hamburg/Alveslohe
Druck und Bindung: Wiener Verlag, Himberg
Printed in Austria
ISBN 3-931476-27-8

Hilfe: Geschenke für Eltern – verzweifelt gesucht!

Geschenke-Ratgeber sind für Idioten gemacht. Dieser nicht! Wir quälen unsere Leser nicht mit gutgelaunten Präsentideen, die Eltern glücklich machen.

Seien wir ehrlich: Seit vielen Jahren haben wir keine Idee mehr, was man Eltern schenken kann. Sie haben alles, wünschen sich nichts und erwarten selbstverständlich mehrmals jährlich Geschenke zu allen möglichen Anlässen. Es ist zum Verzweifeln.

Was in Wirklichkeit alle wollen, das sind Tips und Tricks, um das Schenken zu vermeiden oder – wenn das schon nicht geht – es wenigstens deutlich zu vereinfachen.

Mit den Problemen aller streßgeplagten Söhne und Töchter ist nach der Lektüre dieses Ratgebers Schluß! Endlich wird gezeigt, wie man es clever macht, das Beschenken der lieben Eltern. Schenken Sie

- ohne Aufwand,
- ohne Streß,
- möglichst preiswert,
- mit einem Maximum an Erfolg!

Wie das geht, steht in dieser ultimativen Gebrauchsanweisung für Töchter und Söhne. Lernen Sie die modernen Strategien des Konfliktmanagements kennen, nutzen Sie die Tricks der Psychologie, bevor es andere tun! Anhand von Beispielen – ethnologisches, psychologisches und soziologisches Material wurde für Sie ausgewertet – werden die Tricks und die Fallstricke, des Schenkens vorgeführt.

Was müssen Sie über die »interaktiven Prozesse« wissen, die beim Schenken ablaufen, um sich vor Pannen zu schützen und mit dem geringsten Kraftaufwand den größten Nutzen herauszuschlagen?

Organisieren Sie Ihr Schenkverhalten neu, unter anderem durch

- TRITTBRETTFAHREN: Wie Sie jemanden finden, der das Aussuchen und Besorgen des Geschenkes übernimmt – die hohe Kunst der Delegation
- GESCHENKBÖRSEN: Wie Sie zusammen mit anderen ein Geschenke-Netzwerk organisieren – eine Hand wäscht die andere
- BEDÜRFNISWECKUNG: Wie Sie Ihren Eltern ein Hobby einreden, ein Interesse konstruieren und ihnen so Wünsche erfüllen, die sie niemals hatten – Geschenkmarketing
- PRÄSENTATION: Wie Sie aus einfachen Dingen mit wenig Aufwand ein schönes Geschenk machen. Die Wirkung von Widmungen und Verpackungen – der Persönlichkeitseffekt.

Neben vielen unentbehrlichen Handlungshilfen runden konkrete Geschenkvorschläge den vielseitigen Ratgeber ab. Sie erweitern den Ideenpool möglicher Geschenke, der ohne ihn doch nur aus Tips von ebenfalls überforderten Geschwistern, Freunden und Kollegen besteht.

Die anschaulichen und unbestritten praxisorientierten Ratschläge in diesem Buch sind von Autoren und Verlag sorgfältig erwogen und geprüft worden. Auf daß keine Tochter und kein Sohn je wieder von der Schreckensfrage gequält wird: Was schenke ich bloß meinen Eltern?

VON ELTERNGESCHENKEN UND ANDEREN ALPTRÄUMEN

SAME PROCEDURE AS LAST YEAR ...

Same procedure as every year! Worüber man Silvester Tränen lacht, ist überhaupt nicht komisch, wenn es um Geschenke für Eltern geht. Jedes Jahr der gleiche Krampf. Play it again, Sam! Wer behauptet bloß: »Schenken macht Freude!« oder »Geben ist seliger als Nehmen!« – »Verschenken Sie etwas ganz besonderes für einen ganz besonderen Menschen!« Alles Quatsch!

Weihnachten und Geburtstage der Eltern sind Supergaus. Jedes Mal! Das wissen alle, auch Ariane Andrich aus Ansbach. Zwar weiß sie als gute Tochter die Geburtsdaten ihrer Eltern auswendig (immerhin), aber das nutzt ihr auch nichts. Nach jedem Festtag nimmt sie sich seit Jahren vor, das nächste Mal nicht wieder auf den letzten Drücker loszugehen, um ein noch dämlicheres (und teureres) Geschenk zu besorgen. Diesen Streß nicht wieder. Auf keinen Fall! Erst schön in Ruhe überlegen, dann etwas kaufen, ja vielleicht sogar etwas finden, was den Eltern gefällt. Eine Karte selber basteln, das Geschenk fein verpacken, und dann entspannt und ruhigen Gewissens zur elterlichen Zwingburg fahren.

Nach jedem desaströs verlaufenen Geburtstagsfest bei Andrichs (also jedes Jahr zweimal) schwört Ariane sich, ab jetzt immer jede Geschenkidee sofort aufzuschreiben. Sie will die Augen offenhalten, wenn sie unterwegs ist. Im Kommodenfach hat sie schon Platz freigeschaufelt, da können dann die Geschenke hinein. Ein Geschenke-Vorrat, das wär's.

Bei diesem Vorsatz bleibt es seit Jahren. Je näher der nächste Geburtstag von Mutter Andrich rückt, desto nervöser und schlechtgelaunter wird Ariane. Da wird auf Teufel komm raus verdrängt. Konsequent weigert sich Ariane, alle warnenden Signale (Kalender, Geschwister) zur Kenntnis zu nehmen. Und dann ist es soweit. Der Supergau. Same procedure as every year! Mutter Anrich lädt zum Abendessen, pünktlich um sechs.

Ihre Arbeit an dem Tag kann Ariane vergessen: null Konzentration. Sie wird fahrig und nervös. Gnadenlos nervt sie die Kollegen und schreckt in ihrer Verzweiflung nicht davor zurück, Unbekannte in der Kantine zu belästigen: »Sagen Sie, haben Sie vielleicht eine Idee, was man Eltern ...? Aha, auch nicht, danke!« Eine halbe Stunde vor Feierabend ruft sie, den Tränen nahe, ihre Freundin Annegret an. Doch Annegrets Tips – ein Duden mit neuer Rechtschreibung, eine hübsche Schürze, ein Fahrradhelm – sind nun wirklich nichts für Mutter Andrich. Alles Käse. Käse! Ariane hat den rettenden Einfall: der italienische Feinkostladen um die Ecke. Das ist es! Da wird sie bestimmt was finden.

Das einzige, was sie dann bezahlen kann, sind zwei edle Karaffen: einmal Essig, einmal Öl. Bestimmt Muranoglas, mundgeblasen, denkt Ariane, wie könnten die sonst so teuer sein? Egal, Hauptsache Geschenk! Sie läßt die kostbaren Glaspreziosen einpacken und hetzt zum Geburtstagsschmaus. Diesmal wird Mutter aber Augen machen!

Und was für Augen Mutter Andrich macht. Mit unbewegter Miene packt sie die Karaffen aus und stellt sie zur Seite – kommentarlos. Währenddessen quasselt sie in einem fort und listet akribisch auf, wer heute schon alles angerufen hat, nur um ihr zu gratulieren. Erneut durchstöbert Mutter Andrich das Geschenkpapier. Offensichtlich sucht sie was. Das unheilkündende Runzeln von Mutters Augenbrauen bemerkt Ariane nicht.

Da klingelt das Telefon. Ariane atmet auf und wartet auf das fällige Lob der Mutter. »Soviel Geld hättest du doch nicht ausgeben sollen« oder »Was für schöne Karaffen, bestimmt Muranoglas, mundgeblasen!« Doch Mutter Andrich sieht das offensichtlich anders, ganz anders. Ins Telefon sagt sie: »Von Ariane habe ich Salatöl gekriegt und eine Flasche Essig.«

Das war wohl nichts, Ariane! Die neue CD von Roger Whitacker oder der neue Roman von Rosamunde Pilcher, das wär's gewesen. Das hätte für ein Drittel des investierten Geldes

Freudentränen, mütterliche Umarmungen (wer's mag) und wahre Stürme der Begeisterung ausgelöst. Fazit für Ariane: Gut gemeint ist auch daneben!

Wir aufgeklärten Töchter und Söhne lehnen den Konsum- und Geschenkterror natürlich radikal und unerbittlich ab. Theoretisch, versteht sich. Andreas Altenberg aus Aachen beispielsweise schimpft lauthals über den Schenk-Wahnsinn seiner Familie. Vor Freunden und Bekannten plädiert er unnachgiebig, nur noch kleine symbolische Dinge zu verschenken: »Es geht ja nur darum, daß der andere weiß, man hat an ihn gedacht.« Sagt Andreas. Er wolle die »furchtbare Unsitte, sich gegenseitig mit Geschenken zuzuschmeißen« stoppen, und kündigt seinen Eltern und Geschwistern an, daß er zu Weihnachten nur Kleinigkeiten verschenken werde. Großer Beifall von allen Seiten. »Gute Idee. Du hast ja so Recht, Andreas. Genau, das machen wir!« Andreas fühlt sich am langersehnten Ziel seiner Wünsche. Hätte er doch nachgedacht!

An Heiligabend, kurz nach dem Gänsebraten, die Bescherung: Alle Altenbergs wuchten glänzende Pakete unter den Weihnachtsbaum, von Kartons und Kästchen gar nicht zu reden. Eifrig laufen alle hin und her und verteilten ihre Gaben. Albert, Ansgar und Achim, was die Brüder von Andreas sind, überbieten sich gegenseitig. Eine Seidenbluse, ein Sprachkurs und ein goldenes Armband für Mutter, ein Fernglas, ein Lexikon und einen Kaschmirschal für Vater Altenberg. Gesenkten Kopfes schleicht Andreas umher. Saublöd wie er war, hatte er für jeden nur eine Kassette aufgenommen: peppige Songs fürs Autofahren.

Mit seinen lausigen Kassetten in der Hand, wird Andreas plötzlich klar, daß alle seinen Vorschlag, nur Kleinigkeiten zu schenken, für einen Witz gehalten haben. Was sollte es denn auch sonst gewesen sein? »Aber es ist doch Weihnachten«, so das unschlagbare Argument von Mutter Altenberg. Sein bemerkenswert naiver Versuch, dem Geschenk-Streß auf geschickte Weise zu entkommen, ist allemal lobenswert, verständlich und richtig. Nur hat Andreas durch sein dummes Handeln das Erbe aufs Spiel gesetzt (gut für Albert, Ansgar und Achim), die flexibel einsetzbaren Wohnungshüter verloren und muß in Zukunft auf großzügige Urlaubsmäzene verzichten. Bitteres Fazit für Andreas: richtiger Ansatz, aber falsche Strategie und Ausführung.

Schenken macht Freude ... von wegen!

Schenken macht Freude! Wer diesen Unsinn wohl in die Welt gesetzt hat? Es ist schon anstrengend genug, Geschenke für Freunde zu finden: Selbst das macht Streß. Den eigenen Eltern etwas schenken zu müssen, ist noch mehr Streß; ihnen daher konsequenterweise nichts zu schenken, würde Familienkrieg bedeuten.

Diskutieren hilft nicht! Beißen wir in den sauren Apfel. Obwohl Schenken nichts als Nerven, Zeit, Geld und gute Laune kostet, kommen wir nicht daran vorbei. Wir müssen es tun, ob wir wollen oder nicht. Der einzige Trost in diesem Dilemma: Es geht allen Töchtern und Söhnen Jahr für Jahr genauso.

Jedes Jahr verlangen Eltern Geschenke – egal wie alt wir sind! Und nicht nur zu Weihnachten und an den Geburtstagen. Irgendein zusätzlicher Anlaß findet sich immer: Mutter wird pensioniert oder Vater bekommt die goldene Vereinsnadel der Altherrenmannschaft der Sportfreunde Arensried. Ständig ist irgendwas: Ostern, Pfingsten, Dienstjubiläum, Vatertag, Goldene Hochzeit. Und obwohl Mutter immer wieder betont, daß ihr Muttertag überhaupt nichts bedeutet, wartet sie auf unseren Anruf, den Besuch – und ein Geschenk.

Was aber schenkt man Menschen, die alles haben, nichts brauchen, sich nichts wünschen, die keine Hobbys haben, deren Geschmack man nicht kennt, deren Geschmack man – würde man ihn kennen – nicht ausstehen könnte, und die man sich nicht zu Feinden machen möchte?

Und die von uns Geschenke erwarten. Erbarmungslos! (Wer an das Bild von der lauernden Spinne im Netz denkt, oder gar an raffgierige Elstern, sollte sich in Ruhe besinnen, es sind doch die

Eltern ...) Und schließlich: Wieso auch sollten sie uns den Streß ersparen, den sie früher mit ihren Eltern hatten? Jetzt sind sie an der Reihe. Wurde aber auch Zeit, frohlocken sie.

Unwillkürlich denkt man an den armen Sisyphos. Aber anstatt Felsbrocken bergauf zu rollen, schleppen wir wohlerzogenen Söhne und Töchter pfundweise Pakete in die elterliche Wohnung. Jahrein, jahraus. Ein Ende ist nicht absehbar. So kommt's, wie es kommen muß: Jedes Jahr wird viel Geld für überflüssige Geschenke ausgegeben, die niemand zu schätzen weiß – und letztlich keiner will.

Anna Aschenbach aus Aurich kann ein Lied davon singen. Jedes Jahr bekommt sie von ihren Eltern aufs Brot geschmiert, daß sie mit schöner Regelmäßigkeit danebengreift, was die Geschenke betrifft. Dabei meint sie es so gut. »Das ist doch viel schöner für Mama und Papa, wenn sie ihr Übergewicht endlich loswerden«, sagt sich Anna, und schenkt ihnen einen Hometrainer zu Weihnachten; zu den Geburtstagen schleppt sie ein Diätkochbuch und eine Personenwaage an.

Nach betretenem Schweigen seitens der Eltern Aschenbach muß Anna sich anhören, was andere Eltern bekommen. »Albrechts haben von ihren Kindern eine Busfahrt nach Holland geschenkt bekommen. Vier Tage Tulpenblüte. So ein wunderbares Geschenk. Wo sie da schon immer mal hin wollten. Was haben die sich gefreut, die Albrechts!« Unnachahmlich zartfühlend lassen Mutter und Vater Aschenbach ihre Tochter wissen: »Das war überhaupt nix! Wieso bekommen wir so ein saublödes Geschenk? Was sollen wir denn den Nachbarn erzählen? Die lachen uns doch aus. Übergewicht! Welches Übergewicht überhaupt?«

Aber tröste dich, liebe Anna: Diesen Nerv haben alle. Jeder sucht einen Weg, um dem Schenk-Streß zu entkommen. Egal, wen man fragt: Niemand hat Ideen, was man Eltern schenken kann. Spätestens eine Woche vor Weihnachten häufen sich die gequälten, gehetzten und flehenden Fragen von Freunden, Kollegen und Bekannten: »Was schenkst du eigentlich deinen Eltern?«

Immer wieder treibt uns die törichte Hoffnung, daß endlich mal jemand eine wirklich formidable Idee hat: ein Geschenk, das man schnell besorgen kann, ohne wochenlang durch alle Geschäfte der Stadt zu hetzen oder die Nächte hindurch zu basteln, das mal so richtig was hermacht, ohne daß man gleich zum Sparbuch greifen muß. Ob es aber tatsächlich etwas anderes gibt als Parfüm und Krawatten, Blumenvasen und Socken, Manschettenknöpfe und Taschentücher?

André Altmeier aus Augsburg ist clever. Er wollte sich aus der Affäre ziehen. Er sagte sich: »Was soll der Streß? Da schlage ich doch lieber gleich in einem Geschenke-Ratgeber nach!« Sprach's und las: »Es sollten nicht immer Blumen und Pralinen sein, die man zu kleinen Einladungen und Geburtstagen mitbringt! Viel netter sind originelle selbstgebastelte Kleinigkeiten, die dem Beschenkten zeigen, daß man besonders an ihn gedacht und sogar ein bißchen Zeit für ihn geopfert hat.« Aha! Weil André mit diesem wohlgemeinten Rat nichts anzufangen wußte, dachte er: »Da mache ich es mir doch einfach und lade die beiden Alten an Ostern ins Restaurant ein!«

Unverdrossen schlug André im Geschenke-Ratgeber nach, um auch alles richtig zu machen. Denn wer kann schon wissen, was bei einer so komplizierten Sache wie einer Einladung in eine Gastwirtschaft alles zu beachten ist? »Am besten lassen Sie sich einen Tisch reservieren. Dies können Sie telefonisch erledigen, oder Sie gehen persönlich zum Restaurant hin. Bei einer Reservierung gibt man seinen Namen und – für eventuelle Rückfragen – seine Telefonnummer an. Vereinbaren Sie exakt Datum, Uhrzeit sowie Anzahl der Personen, und äußern Sie spezielle Wünsche.«

Mit dieser freundlichen Unterstützung kann wirklich nichts mehr schiefgehen. Letztlich mußte auch André erkennen: Die meisten Geschenkbücher sind für Idioten gemacht. Wer es nicht glauben will, muß sie selber lesen!

WARUM DAS SCHENKEN BISLANG SO SCHWERFIEL

Bei vielen hapert es noch erheblich an der richtigen Einstellung zum Elterngeschenk. Machen wir uns bewußt, was das Ganze eigentlich soll: Wir können uns nicht entziehen und spielen gezwungenermaßen mit. Mehr nicht! Niemand kann verlangen, daß uns das Spiel Spaß macht.

Okay, das wäre geklärt! Plagen wir uns nicht länger mit falschen Ansprüchen, die uns eine leidige Sache noch schwerer machen. Schütteln wir alte Vorstellungen ab.

FALSCHE ANSPRÜCHE – FUNDAMENTALE FEHLER

- »Ist das Geschenk sinnvoll oder nicht?«

Ihre Mutter hat mindestens dreißig Tischdecken im Schrank, davon sind zehn noch originalverpackt. Finden Sie das etwa sinnvoll? Und wie sinnvoll ist Vaters Anrufbeantworter, wo er seine Sofaecke nie verläßt? Sehen Sie einen Sinn darin, daß Eltern alle fünf Jahre eine neue Küche kaufen? Nein. Und trotzdem tun sie es. Sinnvoll oder nicht – dieses Kriterium scheidet aus.

- »Aber sie haben so etwas doch schon!«

Und wenn schon! Sie besitzen wahrscheinlich auch zwei Raclettes und drei Waffeleisen, obwohl sie weder Raclette noch Waffeln mögen – na und? Gottseidank sind selbst Tischwäsche, Blumenübertöpfe, Gardinen und Bilderrahmen Moden unterworfen. Was Eltern noch vor zehn Jahren schmuck fanden, hat heute kein Mensch mehr in der guten Stube. Das bedeutet: Sie können Ihrer Mutter natürlich eine Osterdecke oder eine Blumenvase schenken, auch wenn sie jeweils schon zwanzig besitzt. Das, was sie im Schrank hat, ist eben altmodisch. Merke: Altmodisch ist ein Horrorwort für Eltern. Daher sollte man es möglichst oft verwenden. Eltern reagieren auf diesen Vorwurf wie Vampire auf Tageslicht. Das Geschenk, das Sie anschleppen, ist grundsätzlich modern. Schließlich sind Sie ein Vertreter der jungen Generation und müssen es ja wissen.

- »Werden sie sich darüber freuen?«

Das können Sie sich abschminken: Nie und nimmer werden Sie verstehen, worüber sich Eltern freuen. Ihr Geschmack bleibt ein Buch mit sieben Siegeln. Beim Soundtrack vom »Wirtshaus im Spessart« waren sie aus dem Häuschen, während Sie dummerweise auf die »Cats«-CD gesetzt hatten. Erwarten Sie nicht, daß Sie das irgendwann verstehen werden.

- »Ach Kind, laß doch das Schenken, wir haben von allem genug!«

Die Hoffnung, daß die Eltern irgendwann diesen Zaubersatz sagen, hält sich hartnäckig. Vergessen Sie's! Genug – das wird in ihrem Wortschatz nicht vorkommen. Höher-schneller-weiter oder mehr, mehr, mehr – diese Wirtschaftswunder-Maximen bestimmen ihr Handeln und Wollen. Denken Sie einfach an ein Faß ohne Boden – und ohne Seitenwände! Und wenn Sie diesen Zaubersatz dennoch aus dem Munde Ihrer Eltern hören sollten, ist allergrößte Vorsicht geboten. Seien Sie bloß nicht so blöde und glauben ihnen. Es würde nur Ihren Geschwistern nützen.

- »Geschenke sind Zeichen der Liebe.«

Das glauben Sie nicht wirklich! Seien Sie ehrlich, es liest ja niemand mit. Warum machen wir Eltern Geschenke? Um unser schlechtes Gewissen zu beruhigen, einen Familienkrieg zu verhindern, eine gute Ausgangsposition zu bekommen, um Muttern den alten Küchenschrank abzuschwatzen und Vatern Geld für das neue Auto. Und schließlich: Wo sollen wir sonst die Kinder oder Haustiere für zwei, drei Wochen abladen, wenn wir in den Urlaub fliegen? Sie müssen sich nicht schlecht fühlen, wenn Sie überlegen, mit welchem Geschenk man was erreichen kann. Schenken um des Schenkens willens ist Blödsinn! Gehen Sie rational vor.

FREMDE LÄNDER – FREMDE SITTEN?

Anja Appelt aus Apolda träumt von einer Welt ohne Schenk-Zwang. Wie schön müßte diese Welt sein, denkt sie. Sie träumt von den Inseln der Südsee, wo glückliche Einwohner nicht wissen, was Schenken ist. Leider ist Anjas Traum, man könnte dem Geschenke-Terror durch Flucht entkommen, Illusion.

Selbst im Busch hat man nicht seine Ruhe und wird von Schenk-Anlässen belästigt. Wo man sich auch versteckt: An Geschenken für Eltern führt kein Weg und kein Pfad vorbei. Man müßte schon den Planeten verlassen.

Lernen wir von anderen Völkern und Kulturen: Woanders ist es auch nicht besser! Das kann uns frustrieren: Auswandern verliert schlagartig seinen Sinn. Das kann auch trösten: Im Vergleich zu den Ngelonum der kenianischen Pokot sind wir ja wirklich noch gut dran! Dort prügeln die Alten solange auf die jungen Ngelonum ein, bis sie sich durch Geschenke freikaufen. Dagegen sehen Eltern-Druckmittel bei uns doch recht harmlos aus. (Auf den ersten Blick zumindest.)

Werfen wir einen Blick auf den Globus und schauen, was bei Nachbars in Busch und Steppe so üblich ist, wenn's ans Schenken geht. Und wir werden sehen, wie wir uns das Wissen irgendwelcher Aboriginies zunutze machen können.

Geschenke an die Eltern stabilisieren die Beziehung zwischen der Kinder- und Elterngeneration (so die Theorie). Schon der französische Soziologe Émile Durkheim sah im Ritual des Schenkens den Mechanismus zur Stärkung der sozialen Bindung zwischen Eltern und Kindern. Es ist das Schenk-Ritual, das Kinder nötigt, Gefühle zu zeigen und zu heucheln, die sie schon lange nicht mehr spüren. Kommt Ihnen das irgendwie bekannt vor?

Der berühmte britische Ethnologe Alfred Radcliffe-Brown entdeckte kurz nach 1900 bei seinen Forschungen in Westafrika, daß selbst dort die Elterngeschenke der Kinder das entscheidende Mittel waren, um weiterhin bei Erbschafts- und Finanzangelegenheiten im Rennen zu bleiben. Durch das pflichtgemäße Beschenken der Eltern beweist sich die familiäre Solidarität und zeigt letztlich: »Wir gehören zusammen – auch wenn wir aus guten Gründen hunderte von Kilometern entfernt leben.«

Der Urvater der ethnologischen Feldforschung, Bronislaw Malinowski, sah gar im Gabentausch, kurz: Schenken, den universellen Zug aller menschlichen Gesellschaften. Das Geschenk mache den Menschen erst zum wahren Menschen, durch das Ritual des Gebens mache man sich als menschliches Wesen kenntlich, eben als gutes Kind und nicht als Raffzahn.

Das bedachte auch schon Marcel Mauss und entwarf in seiner Studie »Die Gabe« eine noch heute gültige Theorie. Demnach ist das Schenken eine archaische Vertragsform, die unter Zwang erfolgt. Unter Zwang! Wieso also heucheln: Glück des Schenkens? Humbug.

Die unheilvolle Magie der Geschenke

Schon den alten Germanen, Griechen und Nubiern war das Schenken suspekt. Denn am Akt des Schenkens hängen magische Komponenten und Rituale. Von alters her birgt es Gefahren und Risiken für Schenker und Beschenkten. Wie schnell hat doch der Naive mit seinen Geschenken das heimische Glück verschleudert! Nicht ohne Grund rieten schon die Weisen früherer Zeit zur Zurückhaltung beim Geben. Hätten sie doch Angelika Auer aus Arzfeld diesen Tip gegeben.

Angelika glaubt an das Gute. Seit Jahren schon ist ihr das Schenken ein und alles. Sie kennt alle Kataloge und Geschenkjournale, stöbert eifrig in Geschäften und Boutiquen und hofft, immer noch etwas schöneres, besseres und attraktiveres für ihre Eltern zu finden. Für Angelika hängt die Welt voller Geschenke. Die sie auch alle kauft. Auf Raten und auf Pump, versteht sich. Der nette Albert Abs vom Arzfelder Inkassobüro meint: »Fräulein Auer ist einfach zu gut für diese Welt.« Sagt's – und pfändet ihre Schrankwand.

Auch für den Beschenkten ist die Sache nicht ganz ohne. Man denke nur an das Trojanische Pferd: Das hatte es im wahrsten Sinne des Wortes in sich! Und Sprachkundigen war die Gefahr schon immer bewußt. Bedeutete doch das Wort gift (engl. gift = Geschenk) im Mittelalter noch Geschenk und Gift zugleich.

Kein Wunder also, daß sich Reste dieses (mehr als verständlichen) archaischen Rituals des Mißtrauens gegenüber Geschenken erhalten haben: Ganz vorsichtig wird das Präsent angenommen, beäugt, geschüttelt, beklopft und langsam ausgepackt. Schließlich weiß man nicht, was sich im Päckchen versteckt. Die übertriebene Bescheidenheit des Gebers – »Es ist doch nur eine Kleinigkeit« – soll den Beschenkten in trügerische Sicherheit wiegen und die Annahme erleichtern. Das Zieren des Beschenkten – »Ach, das war doch nicht nötig« – ist überhaupt keine Bescheidenheit. Es ist pures Mißtrauen!

Das mehr als angebracht ist. Das weiß der arme August Axt aus Abtlöbnitz zur Genüge. Kaum den Führerschein gemacht, überraschen ihn Mutter Adelheid und Vater Albert mit seinem ersten Auto: einem schicken Audi! August platzt vor Glück. Und seither muß August fahren: die Adelheid nach Aach oder Antolsthal; den Albert nach Ayl und Annaroda. Waren wir nicht clever, denken Mutter und Vater Axt.

Nicht zuletzt schenkt man, um zu besänftigen. Im religiösen Almosen – was letztlich auch nichts weiter ist als ein Geschenk – tritt dieser magische Aspekt besonders hervor. Man opfert dabei eine Gabe aus seinem Besitz um des eigenen Seelenheils willen oder um sich das Wohlwollen gefährlicher Dämonen zu sichern. Sie sollen besänftigt werden, damit sie einem nicht schaden.

Geschenke sind Investitionen

Das Geschenk ist nichts weiter als eine Form des Warentauschs (sehr frei nach Marx). Leistungen und Ansprüche werden ausgetauscht. Insofern sollten alle Söhne und Töchter Geschenke als das betrachten, was sie in Wirklichkeit sind: Investitionen. Und hier gilt wie bei allen Investitionen zu prüfen: Welche Chancen auf Vermehrung des Kapitals bestehen? Ist das Geld wirklich sinnvoll angelegt?

Daß Geschenke nichts weiter als ökonomische Transaktionen sind, weiß auch das Volk der Tiv in Nigeria. Sie schieben die Geschenke in einem langfristig geplanten Tauschsystem zwischen den Personen der Familien hin und her. Dabei ist bei den Tiv jedes offene Rechnen, Zählen und Abschätzen des Gegenwerts verpönt – um es heimlich desto akribischer zu tun. Was den Tiv in Nigeria klar ist, sollte für uns auch kein Tabu sein: Geschenke sind Investitionen – basta!

Auch von den Argonauten des westlichen Pazifiks können wir entscheidendes lernen. Bronislaw Malinowski beobachtete das unglaublich clevere Tauschsystem der Eingeborenen auf den Trobriand-Inseln in Nordwest-Melanesien. In Zielsetzung und Ausführung bis heute ein (noch) unerreichtes Vorbild. Sozusagen ein Vorläufer unserer GESCHENKE-BÖRSE (vgl. Seite 31). Die Häuptlinge der unterschiedlichen Dörfer und Inseln fahren gleichzeitig, mit Geschenken beladen, auf Rundreise. Unterwegs treffen sie sich und tauschen Geschenke aus. Die feinen Gaben werden solange von Häuptling zu Häuptling weitergereicht, bis sie am Ende des Tauschkarussels wieder in dem Dorf landen, von wo aus sie gestartet sind. Die Geschenke kehren so an ihren Ursprung zurück.

GESCHENKE FÜRS PRESTIGE

Daß Geschenke eine Sache des Prestiges sind, weiß man nicht nur in Altwarmbüchen, Alt-Glienicke und Altötting, sondern auch in der Südsee und im Nordwesten Kanadas. In der Südsee werden besonders schöne Yams-Wurzeln, die man dort gerne mal geschenkt bekommt, zur Schau gestellt. Das erinnert doch sehr an die Gabentische bei uns, wo haufenweise Geschenke abgeladen werden, damit die Gäste erst mal alles begutachten können.

Ganz erstaunliche Auswüchse hat das Prestigestreben und Schenken namens Potlatch bei den Kwakiutl-Indianern im Nordwesten Kanadas angenommen. Um Nachbarn und Verwandten zu imponieren, werden sie zu Festen eingeladen und mit Geschenken überschüttet. Jeder Anlaß ist dazu recht: Heirat, Geburtstag oder anderes. Der Schenker prahlt mit seinen Gaben und seiner Freizügigkeit.

Und was eignet sich dazu besser als Völlerei und Vandalismus. Die Kwakiutl gießen leidenschaftlich gerne teures Öl ins brutzelnde Lagerfeuer, wobei dann schon mal ein überspringender Funken das halbe Dorf abbrennen läßt. Der Zweck des Ganzen: Der Beschenkte wird als nächstes einladen und muß das vorherige Spektakel überbieten.

ALLGEMEINE GESETZE DES SCHENKENS

Schenken ist ein mieser und verlogener Akt. Jeder tut so, als geschähe er freiwillig, selbstlos und spontan. Dabei geht es um rein soziale und handfeste finanzielle Interessen. Wäre Schenken selbstlos, müßte man es nicht erwidern – doch genau das ist erforderlich!

Offensichtlich wirken uralte Tauschriten weiter und zwingen uns, Geschenke zu erwidern. Dazu gehört auch die vermaledeite Pflicht, Geschenke annehmen zu müssen. Es scheint schlichtweg unmöglich, ein Geschenk abzulehnen (»Ach nein, danke! Ich möchte eigentlich nichts geschenkt bekommen! Behalt es ruhig für dich oder gib es jemand anderem.«)

Selbst in einfachen Gesellschaften steht es niemandem frei, ein Geschenk abzulehnen: Man muß es annehmen und erwidern. Dadurch wird der Wettstreit – wer macht die größten Geschenke? – in Gang gesetzt.

Wenn man also einmal ein Geschenk angenommen hat, signalisiert man für alle Zeiten, am Spiel des Schenkens teilzunehmen. Ein Ausstieg geschieht nur unter größten Sanktionen (bis hin zur Enterbung).

Welche Folgerungen ergeben sich nun für uns daraus? Betrachtet man die Forschungsergebnisse der Soziologen und

Ethnologen ein wenig genauer, erkennen wir, daß dies alles auch tief in unseren Eltern verwurzelt ist. Und das sollten wir uns zunutze machen – gnadenlos!

- SCHENKEN IST PURE HEUCHELEI!

Stehen Sie dazu, das ist kein Grund, sich zu schämen. Jetzt, wo Sie wissen, daß Heucheln offensichtlich zum Schenken gehört: Heucheln Sie munter drauflos!

- SCHENKEN IST EIN TAUSCHGESCHÄFT!

Es ist völlig okay, einen Strauß Blumen zum Muttertag vorbeizubringen, weil man Mutters Wagen übers Wochenende haben will. Achten Sie aber auf die Angemessenheit der getauschten Dinge. Für ein einziges lausiges Wochenende braucht der Muttertags-Strauß nicht groß zu sein.

- SCHENKEN STABILISIERT DIE BEZIEHUNG!

Das können Sie als Trost verwenden, wenn Sie sich das nächste Mal fragen, was das eigentlich alles soll und warum Sie diesen Unsinn mitmachen müssen. Eine Hand wäscht die andere. Wer sonst gibt Ihnen immer wieder zinsfreie Darlehen, die Sie nur teilweise zurückzahlen?

- GESCHENKE SIND INVESTITIONEN!

Und die wollen gut überlegt sein! Mit Ihrem Geschenk investieren Sie in Ihre Zukunft. Für den Zuschuß zum Urlaub, den Familienschmuck und die Nutzung des Ferienhauses müssen Sie schon was einsetzen. Verlieren Sie die Konkurrenz (Geschwister) nicht aus den Augen, die überboten und ausgestochen werden muß.

- SCHENKEN DIENT DEM EIGENEN PRESTIGE!

Überlegen Sie, wann es sich zu kleckern und wann zu klotzen lohnt. Wenn's keiner mitkriegt, schenken Sie wenig. Wenn viele zusehen (runde Geburtstage, Jubiläen, Silberhochzeit) müssen Sie sich ins Zeug legen.

• Geschenke müssen erwidert werden!
Je häufiger Sie schenken, desto mehr bekommen Sie (wenn Ihre Eltern nicht mitmachen, System sofort stoppen!). Schenken Sie auch bei nichtigen Anlässen (Frühlingsanfang, Pfingsten, Jahreswechsel und ähnlichem). In diesem Buch finden Sie Geschenke mit fast keinem Aufwand.

• Es gibt eine Nimm-Pflicht des Beschenkten!
Geschenke müssen angenommen werden. Das ist so praktisch wie nur was! Machen Sie sich zunutze, daß Ihre Eltern nicht Nein sagen können. Früher kam immer jemand zur Einsammlung von Tombolapreisen vorbei. Doch seit dieses wunderbare Brauchtum stark im Rückgang ist, finden wir mit Sicherheit genügend Dinge in unseren Schränken, Kellerregalen und Handschuhfächern, die sich hervorragend als Elterngeschenk eignen. Einem geschenkten Gaul …

• Geschenke lösen Mißtrauen aus!
Es ist ein Relikt von alters her. Wie tröstlich. Wenn Ihre Eltern sich zieren, das Geschenk nicht annehmen wollen, skeptische Blicke werfen: Das ist archaisches Verhalten, dazu können sie nichts – und Sie schon mal gar nicht! Also kein Grund, nervös zu werden oder ein schlechtes Gewissen zu kriegen, auch wenn das Geschenk großer Mist ist.

• Schenken ist ein Spiel!
In jedem Spiel gibt es Gewinner und Verlierer. Sehen Sie zu, daß Sie auf der Gewinnerseite stehen. Immer!

Beherzigen wir das alte Maori-Sprichwort:

Ko Maru kai atu Ko Maru kai atu
Ka ngohe ngohe

Was soviel heißt wie: »Gib soviel du empfängst, und alles wird zum besten stehen.« Wir variieren: »Gib ruhig weniger als du empfängst, das reicht auch!«

MANAGEMENT UND MARKETING
FÜR SCHENKER

ORGANISIEREN – DELEGIEREN – FLÜCHTEN

Wir haben keine Chance, die dutzendfachen Geschenkanlässe zu umgehen. Damit müssen wir leben, jedenfalls solange wir Eltern haben und Wert auf irgendeine Art von Kontakt zu ihnen legen. Dies zu akzeptieren, muß aber nicht bedeuten, Wochen vor Pfingsten, Nikolaus und dem zwanzigjährigen Dienstjubiläum nicht mehr schlafen zu können, nur weil man kein Geschenk hat. Es geht auch anders! Die Grundregeln, die wir dabei beachten müssen, sind einfach, für jeden verständlich und vor allem problemlos anwendbar.

Außer man ist so doof wie Berti Blasewitz aus Burladingen. Blauäugig hat er diesen Ratgeber auf seinem Nachtschrank liegenlassen. Wo Mutter Blasewitz doch morgens die Betten macht. Und auch sonst nach dem Rechten sieht. »Mann, hat die mich böse angeguckt, als ich sie gefragt habe, was wir Papa zusammen zum Geburtstag schenken könnten«, erzählt Berti erstaunt. Uns erstaunt nichts mehr. Staunen wird nur Berti, beim nächsten Geschenk von Mutter Blasewitz.

Erleichtern wir uns das Schenken durch die Beachtung einfacher Regeln. Werden Sie Fachmann beziehungsweise Fachfrau im effizienten Schenken!

ERSTE REGEL

Nur dann etwas schenken, wenn es keinen anderen Ausweg gibt! Durch welche Hintertüren man sich verpissen und dem Geschenkterror entgehen kann, erkunden wir gleich.

ZWEITE REGEL

Betreiben Sie so wenig Aufwand wie nötig für maximalen Erfolg!

Frühwarnsystem installieren

Da ständig Schenkanlässe lauern, müssen wir vorbereitet sein. Von uns wird (absurderweise) erwartet, daß wir wissen, wann Muttertag und wann der Hochzeitstag der Eltern ist. Um dem Blackout zu entgehen, tragen wir sämtliche Anlässe (die meisten wiederholen sich jährlich) in unseren Kalender ein. Damit sind wir schon ganz gut gewappnet. Viel besser aber ist es, ein Bio-Frühwarnsystem zu installieren. Denken wir nach: Wer könnte uns zuverlässig und rechtzeitig daran erinnern, daß schon wieder eine Elternbescherung naht? Wen können wir einspannen? Den Partner, die Kinder, die Geschwister? Einen besonders netten Kollegen? Die nachtragende Cousine, die sich immer alles merkt?

Wie's gehen kann, zeigt das Beispiel von Bettie Bartsch aus Bremerhaven. Sie erzählt ihrer Großtante Bärbel, daß sie mehrmals im Jahr von Anfällen schlimmster Schmerzen gequält wird. Diese unvorstellbaren Kopfschmerzen kommen jedesmal völlig unvorhersehbar und legen einen Teil des Zahlengedächtnisses lahm. Sie kann sich deswegen leider überhaupt keine Daten merken. Telefonnummern zwar gerade noch so, fünfstellige Zahlen höchstens bei Geldsummen, aber schon fremde Kontonummern werden da zum Problem, und Geburtstagsdaten erst ...

Ob Großtante Bärbel wohl so lieb sein könne, Bettie früh genug an alle Elternbeschenkanlässe zu erinnern? Wir sagen: Gut gemacht, Bettie!

Übersicht schaffen und behalten

Zur optimalen Organisation des Schenkens müssen wir wissen, wann Mutter oder Vater zu welchem Anlaß welches Geschenk bereits bekommen haben: Wir müssen die Übersicht behalten.

Sonst geht es einem wie Bernhard Biber aus Biesdorf. Dreimal bekam Mutter Biggie ein formschönes Kamm-Bürste-Spiegel-Set. Da konnte selbst die grundgütige Biesdorferin nicht mehr lächeln. Und als sie dann entdecken mußte, daß Bernhard den praktischen Allesschneider, den sie ihm zu Weihnachten geschenkt hatte, unter großem Brimborium an Patentante Bruni weiterverschenkt hat, sank Bernhards Wert auf der nach unten offenen Sympathie-Skala rapide. Hätte Bernhard bloß schon unseren GESCHENKE-PLANER gekannt (vgl. Anhang)!

TRITTBRETTFAHREN

Mit ein bißchen Geschick läßt es sich leicht am Besorgen von Geschenken vorbeimogeln. Das Zauberwort heißt Delegation. Was das ist und wie es funktioniert? Ganz einfach. Delegation ist das Abgeben von Aufgaben und der entsprechenden Verantwortung. Die Ziele: weniger Belastung (was wir uns alle ohne Zweifel wünschen) und mehr Effektivität (was auch nicht schlecht wäre).

Was heißt das in bezug auf unser Thema? Verschiedene Wege führen zum Ziel. Und was bei Daimler und der Deutschen Bank funktioniert, sollte auch bei uns klappen! Es sei denn, man kommt aus Bamberg und heißt Barbara Beyer. Ihr Beispiel zeigt, wie es nicht geht.

Barbara haßt es, Geschenke für ihre Eltern zu besorgen (wir fühlen mit dir). Deshalb versucht sie, diese Aufgabe an ihre Schwester Bianca zu delegieren. Eine Woche vor dem sechzigsten Geburtstag von Mutter Beyer startet sie ihr Manöver. Doch ihr Anruf bei Bianca ist nicht das Gelbe vom Ei. Barbara sagt: »Ich bin total im Streß! Kannst du nicht ein Geschenk für Mama besorgen, du hast doch sonst nichts zu tun!« Da Bianca vier kleine Kinder, drei verwöhnte Katzen und einen ewig schlechtgelaunten Mann zu versorgen hat, fehlt ihr selbst die Zeit zum Telefonieren. Wortlos legt sie den Hörer auf. Pech gehabt, Barbara! Fazit: Gute Idee – aber an der Rhetorik solltest du noch feilen.

GERN-SCHENKER OUTEN

In jeder Familie gibt es mindestens ein Mitglied, dem Schenken Freude macht (ja, das ist tatsächlich so!). Geschenke aussuchen und besorgen, sie verpacken, Glückwunschkarte auswählen und schreiben – für eine besondere Gattung Mensch ist das die reine Freude. Sie lieben es, durch Geschäfte zu laufen und in häßlichen Dingen herumzustöbern. Sie sind kaufgeil, verhaltensgestört, konsumgeschädigt und sowieso nicht zu retten. Sie stehen unter nervösem Kaufzwang und sind eigentlich krank. Was uns nicht weiter stört, solange wir davon profitieren. Soll uns nur recht sein, die Krankheit gilt es auszunutzen.

Überlegen Sie, wer in der Verwandtschaft hoffnungslos überschuldet ist. Wo schleicht der Gerichtsvollzieher um den Gartenzaun? Das scheinen uns doch geeignete Kandidaten zu sein. Bieten Sie ihnen die Gelegenheit, endlich wieder mal nach Herzenslust zu shoppen. (Geben Sie ihnen nur abgezähltes Bargeld mit – niemals die Kreditkarte!)

Gehen Sie alle in Frage kommenden Personen in Ruhe durch. Wer ist der Gern-Schenker in Ihrer Familie? Welches verkannte Schenkgenie hält sich versteckt und will endlich zu seiner wahren Berufung geführt werden? Grundsätzlich kommen alle Geschwister, nahe und entfernte Verwandte und beide Elternteile in Frage.

Haben wir ihn oder sie endlich gefunden, wird er ab jetzt unser ganz persönlicher Liebling. Genau die Person, auf die wir gewartet haben. Zum Dank laden wir die Tante, die Cousine oder wer auch immer es ist, einmal im Jahr zum Essen ein. Und versäumen bei dieser Gelegenheit nicht, auf unsere überaus anstrengende Arbeit, unsere zeitraubenden sonstigen Verpflichtungen und unseren Bandscheibenvorfall hinzuweisen. Geschenke können wir eh schon nicht mehr nach Hause schleppen, geschweige denn lange an einer Kasse anstehen.

Sollte dies alles nicht fruchten, müssen wir leider rabiater zur Sache gehen. Erpressung, warum nicht? Jüngere Geschwister mit einem Hang zur Esoterik lassen sich zum Beispiel leicht unter Druck setzen: Erzählen Sie, daß Sie gerade wirklich extrem schlechte Energien den Eltern gegenüber haben. Daraus ergibt sich zwangsläufig, daß ein von Ihnen besorgtes Geschenk nur

Unglück bringen würde, und das will nun auch wieder niemand. Schon gar nicht Ihre Schwester unter der Glaspyramide.

Delegation bedeutet aber nicht nur die Abgabe von Aufgaben, sondern auch das Abgeben der entsprechenden Verantwortung. Und das macht die Sache manchmal ein wenig heikel. Angenommen, wir finden das vom Gern-Schenker ausgewählte Präsent potthäßlich, dann behalten wir tunlichst unsere Meinung für uns! Höchstens eine zarte Andeutung, mehr nicht. Bloß nicht kritisieren oder kränken! Sonst beleidigen wir ihn noch und riskieren, daß er von unseren direkten Kontrahenten (Geschwister, anderer Elternteil) abgeworben wird.

Falls zum Beispiel Tante Berta im Nachhinein wissen will, ob Sie die Zinnteller, die sie ausgesucht hatte, auch so prachtvoll finden, nutzen Sie das unverbrauchbare Sülz-Vokabular der Diplomaten und Manager: »Das kann keiner so wie du!« oder »Du hast stets mein vollstes Vertrauen, das weiß du doch!« oder »Niemand wäre auf so eine Idee gekommen!« oder »Ich muß noch einmal ausdrücklich betonen, wie überaus dankbar ich dir bin!«

Ist das Geschenk wirklich zu scheußlich oder Sie können nicht gut lügen, ziehen Sie sich mit dem Satz »Das ist mal was anderes!« aus der Affäre. (Ein Satz im übrigen, der wie kein anderer Wogen glätten und einen aus den mißlichsten Situationen ziehen kann. Man sollte ihn stets parat haben.)

Gruppengeschenk mit Reihum-Delegation planen

Eine andere clevere Möglichkeit des Trittbrettfahrens ist das Gruppengeschenk. Schließen Sie sich mit Ihren Geschwistern, Onkeln und Großnichten zusammen und organisieren Sie das Schenken. Auch wenn Sie vielleicht schon das eine oder andere Gruppengeschenk mit jemand anderem gemacht haben, lesen Sie weiter. Ihnen fehlte bislang bestimmt das systematische Vorgehen.

Grundsätzlich müssen Sie dazu mindestens zu zweit sein. Je mehr Personen sich daran beteiligen, desto besser! Jeder aus der Runde ist abwechselnd dran und muß die ganze Arbeit für ein

Jahr, eine Person oder einen abgesprochenen Zeitraum für die anderen erledigen: sich Geschenkideen ausdenken, Geschenke besorgen, Geld von den anderen eintreiben, Karten und Verpackungen organisieren. Eben den ganzen lästigen Mist.

Je nachdem, wieviele Personen sich am Gruppengeschenk beteiligen, können unter Umständen große Summen zusammenkommen. Und – viel entscheidender – Sie haben für mindestens ein Jahr Ruhe und müssen nichts tun, als Glückwunschkarten zu unterschreiben. Ist die Vorstellung nicht umwerfend? Sie dürfen sich zurücklehnen und entspannen.

Daß man auch diese großartige Gelegenheit, sich das Schenken vom Hals zu halten, vermasseln kann, führt Björn Behrens aus Buxtehude vor. Einen Teil seiner Bagage – Patentante, älterer Cousin, jüngerer Cousin, Stiefschwester – überzeugte er von den Vorteilen des Gruppengeschenkes mit Reihum-Delegation. Idee: sehr gut, Ausführung: mangelhaft. Er wollte anläßlich der Silberhochzeit seiner Eltern mit gutem Beispiel vorangehen: der erste Fehler! So vertat er viel Zeit damit, sich eine Idee aus den Fingern zu saugen, das Geschenk zu besorgen, das Geld von den anderen einzutreiben und so weiter.

Beim nächsten Ernstfall – das Dienstjubiläum seines Vaters – als Björn dachte, er wäre nun fein raus, stand er plötzlich vor dem Nichts. Seine Patentante war gestorben, sein älterer Cousin weigerte sich mit dem Hinweis, daß er in seinem ganzen Leben noch nie was zu Dienstjubiläen verschenkt hätte, sein jüngerer Cousin hat sich mit der Familie überworfen und seine Stiefschwester ist auf Gomera verschollen. Armer Björn.

Was lernen wir daraus? Bevor man in den Genuß des Trittbrettfahrens durch das Gruppengeschenk kommt, müssen einige grundlegende Fragen vorher unbedingt geklärt werden:

- Wer gehört zum Kreis der Schenker? Achten Sie dabei unbedingt auf Verläßlichkeit! Unstete Menschen mögen durchaus ihren Reiz haben, aber nicht, wenn es ums Geschenkebesorgen geht.

- Für welche Art von Anlässen gibt es ein Gruppengeschenk? Nur Weihnachten und Geburtstage?

- Welche Reihenfolge stellt man auf? Setzen Sie sich an letzte Stelle! Wer weiß, vielleicht kommen Sie durch glückliche oder noch zu schaffende Umstände ganz dran vorbei.

- Wenn sich ältere Menschen wie Großtanten und –onkel daran beteiligen: Klären Sie frühzeitig die Nachfolge! Wer wird ihr Nachfolger, falls sie schon abgetreten sind, bevor sie ihren Teil der Abmachung einlösen konnten?

Ein weiterer praktischer Nebeneffekt der Delegation: Geht das Geschenk vollkommen in die Hose, haben wir immer einen Schuldigen, auf den wir problemlos alles abwälzen können. »Es ist mir ja so peinlich«, sollten Sie dann Ihren Eltern ins Ohr raunen, »hätte ich es doch bloß selbst gemacht! Wer konnte denn ahnen, daß Tante Brunhilde auf so eine Idee kommt. Euch einen Bettvorleger aus Katzenfell zu schenken.«

Was für eine traumhafte Situation: Die Eltern werden Sie trösten und sagen, es sei doch nicht so schlimm. Eine Situation, die sich ausnutzen läßt. Legen Sie nach! »Nicht schlimm? Und wie schlimm das ist! Es ist furchtbar, euch so enttäuscht zu haben. Ganz zu schweigen von dem vielen schönen Geld, das für nichts und wieder nichts ausgegeben wurde. Ich hatte mich so darauf gefreut, euch etwas Schönes zu schenken. Und nun das! Daß mein Auto kaputt ist, ich kein Geld für den Urlaub habe, das ist mir ja alles egal, aber daß ihr ein gräßliches Katzenfell bekommen habt!« Falls Ihnen nach dieser Vorstellung keine Geldscheine in die Hand gedrückt werden, haben Sie offensichtlich etwas falsch gemacht. Üben!

Geschenkideen abzocken

Wenn alles nichts genützt hat und wir doch das Geschenk selbst besorgen müssen, sollten wir uns zumindest nicht auch noch über eine Idee den Kopf zerbrechen müssen. Zocken Sie die Geschenkideen von Freunden, Kollegen, Nachbarn und Bekannten ab! Fotokopieren und verteilen Sie einfach den folgenden Fragebogen.

Machen Sie Ihren Freunden klar, welchen enormen Nutzen diese kleine Geschenkedatenbank für alle haben kann. Sie wird einmal im Jahr erneuert. Und werben Sie neue Mitglieder, denn eine Hand wäscht die andere.

Fragebogen

Was hast Du Deiner Mutter zum letzten Geburtstag geschenkt? (Woher und wie teuer?)

Was hast Du Deinem Vater zum letzten Geburtstag geschenkt? (Woher und wie teuer?)

Was hast Du Deiner Mutter zu Weihnachten geschenkt? (Woher und wie teuer?)

Was hast Du Deinem Vater zu Weihnachten geschenkt? (Woher und wie teuer?)

Was haben Deine Geschwister ihnen zum Geburtstag und zu Weihnachten geschenkt?

Was hat Deine Mutter von Deinem Vater geschenkt bekommen?

Was hat Dein Vater von Deiner Mutter geschenkt bekommen?

Was war das beste Elterngeschenk, das Du selbst je gemacht hast? (Woher und wie teuer?)

Was war das beste Elterngeschenk, von dem Du je gehört hast?

Was ich meiner Mutter auch schon mal geschenkt habe (bitte möglichst viele Dinge nennen!):

Was ich meinem Vater auch schon mal geschenkt habe (bitte möglichst viele Dinge nennen!):

Zu besonderen Anlässen wie Jubiläum, runder Geburtstag etc. habe ich meiner Mutter geschenkt – bzw. hätte ich, wenn es mir rechtzeitig eingefallen wäre:

Zu besonderen Anlässen wie Jubiläum, runder Geburtstag etc. habe ich meinem Vater geschenkt – bzw. hätte ich, wenn es mir rechtzeitig eingefallen wäre:

Zur Silberhochzeit oder Goldenen Hochzeit bekamen sie von mir: (Woher und wie teuer?)

Gute Geschenke zum Muttertag sind zum Beispiel (bitte möglichst viele Dinge nennen!):

Gute Geschenke zum Vatertag sind zum Beispiel (bitte möglichst viele Dinge nennen!):

Den anderen Elternteil ausnutzen: eine (kinder)leichte Übung

Unser Anliegen ist es, einen Elternteil als Geschenkebesorger auszunutzen. Warum auch nicht! Ehepartner haben in der Regel nicht nur mehr Ideen, was man dem anderen so schenken kann, sie besorgen auch häufig schon frühzeitig die eine oder andere Kleinigkeit. Und genau um die geht es. Schwatzen Sie Ihrem Vater oder Ihrer Mutter Geschenke ab! Damit diese einfache Übung gelingt, müssen Sie vor der Ansprache klären, worauf sie am ehesten anspringen. Gehören sie eher zum Mitleid-Typ oder zum Drama-Typ?

Bei der Mitleid-Masche müssen Sie unerbittlich an das weiche Herz Ihres Vaters oder Ihrer Mutter appellieren. Jammern Sie, daß Ihnen überhaupt nichts einfällt, und selbst wenn: Sie hätten gar keine Gelegenheit mehr, etwas Schönes zu besorgen. Bleiben Sie hartnäckig: Sie müssen jammern, bis der weichherzige Elternteil eines seiner Geschenke rausrückt: den Gürtel, die Drei-Tenöre-CD, das Nachttischlämpchen oder die Eierwärmer.

Auch die Drama-Masche eignet sich gut zum Ausnutzen eines Elternteils. Hecheln Sie mehrmals heftig, bevor Sie zum Telefon greifen. Sie müssen gehetzt und angestrengt klingen. Sprechen Sie dann am Telefon folgenden Text: »Ich muß dringend mit dir reden. Unter vier Augen! Nein, nicht am Telefon!« Lassen Sie sich auf keine Rückfragen ein. Nur in vertrauter Umgebung lasse sich das Problem beheben. Ihr Vater oder Ihre Mutter wird schlimme Stunden verbringen und dann um so erlöster und dankbarer sein, daß es nur um ein läppisches Geschenk geht. Dann haben Sie es so gut wie sicher im Sack. Wäre doch gelacht!

WEG MIT AUFWAND UND STRESS!

GESCHENKE-BÖRSE – GESCHENKE-NETZWERK

Organisieren Sie mit Freunden ein Geschenke-Netzwerk, so daß die Geschenke, die Sie bekommen haben, aber nicht wollen, an Freunde für deren Eltern weitergeben werden und Sie dafür von ihnen im Gegenzug ebenfalls schöne Dinge bekommen. Eine Hand wäscht die andere oder: Unfreiwilliges Wichteln.

Berthold und Berit aus Baden-Baden zeigen, wie's geht! Berit bekam von Bertholds Mutter ein durchaus häßliches Schmink-Set mit eingebautem Spiegel. Darüber freut sich nun Berits kleine Schwester. Berit bekam von ihrer Mutter als Mitbringsel einen Stoffteddy. Dem wurde ein Schnapsglas an einer Kordel um den Hals gehängt, dann bekam ihn Bertholds Vater zum Vatertag. Man kann die ganze Schose auch wie eine Tupperparty aufziehen und das geschmackloseste Mitbringsel prämieren. Der Phantasie sind keine Grenzen gesetzt. Ihre Freunde werden schnell von der Idee begeistert sein. Und alle sparen Zeit, Geld, Platz im Schrank, und Spaß macht's außerdem. Um die Übersicht zu behalten, nutzen Sie dazu unseren praktischen GESCHENKE-PLANER (vgl. Anhang)! Achten Sie vor allem auf Freundschaften und mögliche Kontaktbereiche Ihrer Eltern mit den anderen des Netzwerks. Damit auch nichts anbrennt.

Denn beim Weiterverschenken besteht durchaus die Gefahr, daß ein Geschenk wieder dort landet, von wo es ursprünglich kam, oder daß man sich sonstwie verrät. Was dem Südseehäuptling gefällt, findet in unseren Breiten nur wenig Anklang (leider). Das bekam Britta Beimer aus Berlin zu spüren. Da ihre Eltern zerstritten und zudem geschieden sind, wird ihre Mutter nie erfahren – so denkt Britta –, daß sie das Kochbuch für Singles, das ihr die Mutter schenkte, an ihren Vater zum Geburtstag weitergab. Doch dann fanden Mutter und Vater Beimer zu Brittas Unglück wieder zueinander. Und plötzlich mußte Britta viel erklären. Das mit dem Kochbuch fanden die Beimers ja nicht so schlimm, aber das mit der Brosche, dem CD-Wechsler, der praktischen Küchenmaschine ... Lügen und betrügen – das will gelernt sein, liebe Britta!

ELTERN UND SCHWIEGERELTERN – ZWEI FLIEGEN MIT EINER KLAPPE

Kennen Ihre Eltern die Ihres Partners? Haben sie Kontakt zueinander? Falls nein, nutzen Sie das aus! Reichen Sie konsequent die Geschenke der Eltern Ihres Partners an Ihre Eltern weiter und umgekehrt. Ganz einfach.

Oder schenken Sie konsequent beiden Elternpaaren das gleiche. Zum Muttertag bekommen beide Mütter das gleiche Halstuch, zu Weihnachten schenkt man beiden Väter einen Lötkolben. Das Gute daran: Man muß sich nur einmal Gedanken machen und kann bei teuren Geschenken Rabatte aushandeln.

Und plagen Sie sich nicht mit unnötigen Skrupeln wie: »Aber meine und Bengts Eltern sind doch ganz verschieden«.

Eltern sind Eltern. So groß werden die Unterschiede schon nicht sein!

Ausnutzen der Kinder

Sie haben Kinder, am besten kleine Kinder? Bestimmt terrorisieren die Zwerge Sie mit ihren furchtbaren Bildern und Basteleien, angestiftet von hinterhältigen Kindergärtnerinnen. Vermutlich hängen Küche und Flur voll mit nicht identifizierbaren Ufos, Raketen und Hochhäusern. Und auf den Fensterbänken stehen merkwürdige Haufen aus buntem Papier und Wolle.

Damit ist jetzt Schluß! Befreien Sie sich von dem Schrott. Sämtliche Fimo-Tiere, Kerzenständer aus Klopapierrollen, Klecks- und Strich-Bilder, Deckchen und Armbänder aus Strick-lieselwürsten und ähnliches finden nun ihren Weg zu Oma und Opa. Wie schön! Das krumme, schiefe Legohaus, das ums Verrecken nicht wieder auseinandergebaut werden durfte, wird eingepackt und den lieben Großeltern geschenkt. Falls die Kinder das Legohaus dummerweise behalten wollen, ist es nicht weiter schwierig, sie zu bestechen: ein Zoobesuch (mit Opa und Oma), ein billiges Wassereis, einmal Tatort bis zehn Uhr abends. Hauptsache, der Mist kommt aus der Wohnung.

Wohlgemerkt: Das Legohaus ist Ihr Geschenk an die Eltern, nicht das der Kinder! Schließlich müssen Sie sich mühsam davon losreißen, was Ihnen fast das Herz bricht.

Das Gute daran: In der Wohnung sieht es nicht länger aus wie im Kindergarten. Denn Großeltern werden es niemals wagen, sich über solche Geschenke zu beschweren. Das ist ein Tabu. Und Opa und Oma brechen das bestimmt nicht, sonst gibt's Enkelentzug! (Eine leere Drohung, wer schneidet sich schon ins eigene Fleisch?)

Kinder können Sie auch für anderes nutzbringend einsetzen. Mit dem richtigen Geschenk für die Eltern sind Sie die kleinen Monster für ein paar Stunden los. Verschenken Sie Kinokarten,

Karten für den Zirkus (für die Nachmittagsvorstellung) und ähnliches. Da werden sich Opa und Oma aber freuen!

Fröhliches Recycling häßlicher Geschenke

Manche Geschenke sind so häßlich, daß man tatsächlich niemanden damit belästigen kann. Sie müssen umgewandelt werden, bevor sie wieder ans Tageslicht dürfen: also weiterverschenkt. Das gilt ganz besonders für alle Scheußlichkeiten aus Porzellan, Keramik und Glas, also Schalen und Schälchen, Vasen und Väschen, Krüge und ... Sie wissen schon.

KERAMIK, PORZELLAN UND GLAS

Eine geschickt vorgenommene Umwandlung macht es durchaus möglich, Eltern genau die Vasen und Schalen zurückzuschenken, die sie Ihnen als Geschenk zugemutet haben. Sie mußten sich bei ihnen für einen geschmacklosen Blumenübertopf bedanken? Keine Sorge! Diese Schmach läßt sich einfach tilgen. Gehen Sie behutsam im praktischen Dreierschritt vor: Scheußlichkeit umwandeln – ein Jahr warten – zurück mit dem Mist. So verwerten Sie häßliche Geschenke optimal. Kosten Sie das Triumphgefühl aus, bei Besuchen in der elterlichen Wohnung auf eine Galerie von umgemodelten Vasen und Schalen zu schauen.

Schauen wir Bilbo Baller aus Biebelhausen über die Schulter! Er will uns seine liebsten Varianten vorführen. Bei der einfachen Variante der Umwandlung streicht Bilbo die häßliche Vase von Mutter Baller einfach mit schwarzer Abtönfarbe an. (Das muß er leider selbst machen, da er keine Kinder hat!) Ist die Farbe trocken, bepinselt er die Vase aufs Neue mit Ölkreide oder Gold- beziehungsweise Silberfarbe. Ist auch die getrocknet, lasiert Bilbo die Vase gewissenhaft mit Klarlack. (In diesem speziellen Fall gilt, die Geschenke haltbar zu machen.)

Fertig ist die neue Scheußlichkeit! Und Mutter Baller wird nicht im Traum daran denken, daß sich hinter der wundervollen neuen Vase ihr Osterpräsent vom letzten Jahr versteckt.

Doch Bilbo kennt auch aufwendigere Varianten. Sie kommen dann zum Einsatz, wenn die Gegenstände eine besonders auffällige Form haben, die verändert werden muß. Die Kaffeekanne in Form eines Singschwans würde Mutter Baller garantiert wiedererkennen, auch wenn sie noch so schön angemalt wäre. Daher modelliert Bilbo (der Raffinierte) ihre Formen mit Gips um. Dazu weicht er entweder Gipsbinden in Wasser ein und umwickelt dann den Schwan. Oder manchmal, wenn ihm danach der Sinn steht, vermischt er stattdessen Gipspulver mit Wasser und matscht die Pampe auf den Schwan. Trocknen lassen, anmalen, und fertig ist die Blumengießkanne für Mutter Baller.

LEUCHTENDER MIST

Haben Ihre Eltern einen Hang zum Spektakulären? Dann gibt es eine treffliche andere Möglichkeit der Wiederverwertung. Angenommen, Sie finden eine grottenhäßliche Obstschale von Tante Brigitte in Ihrem Schrank. Besorgen Sie eine kleine Dose Klarlack, ein Tütchen Phosphorpulver (gibt es alles in Bastel- und Farbengeschäften) und einen Pinsel. Klarlack und Phosphorpulver verrühren und die Schale lackieren. Natürlich ist die Schale so häßlich wie zuvor, aber sie leuchtet im Dunkeln! Und das ist sehr effektvoll. Wer hat schon eine nächtlich leuchtende Obstschale? Damit peppen Sie die größten Scheußlichkeiten auf. Das können Sie mit allen Dingen machen, deren Oberflächen Lack vertragen.

HÄSSLICHKEITEN AUS STOFF

Wild gemusterte T-Shirts, Blusen, Tischsets und Kopfkissenbezüge können Sie guten Gewissens weiterverschenken oder eintauschen, wenn sie umgefärbt sind. Textilfarbe gibt es in Drogerien. Sie macht Kleidungsstücke, Bett- und Tischwäsche unkenntlich.

NIPPES

Wohin mit den furchtbaren Figuren, die zu Weihnachten, Ostern und Nikolaus immer an den Päckchen baumeln und einem das

Auspacken der Geschenke nicht unerheblich erschweren? Gnadenlos zurückschenken! Auch Mutter kann sich nicht merken, welche Ostereier, Strohsterne und trompetende Engel sie im Laufe der Jahre an alle Pakete gebunden hat. Machen Sie sich keinen Kopf darum: Sie können dieses Zeug ohne Bedenken wiederverwenden. Weder Mutter noch Vater werden sie wiedererkennen. Und wenn schon? Dann haben sie eben im gleichen Kaufhaus eingekauft und sowieso den gleichen Geschmack.

GESCHENKPAPIER
Geschenkpapier läßt sich generell weiterverwenden. Wenn es nach was aussehen soll, kann man es vor der Zweit- oder Drittverwertung sogar bügeln, dann sieht es aus wie neu.

Wo man Geschenke für Eltern suchen sollte

- Basare

Sie sind ein Paradies und Muß für alle Söhne und Töchter! Für dreißig Mark und weniger bekommt man problemlos eine große Tüte voll Zeug. Egal, ob in Behindertenheimen, auf dem Kirchvorplatz, in Krankenhäusern oder Schulen, ob auf dem Wohltätigkeitsbasar des Verkehrskindergartens oder dem Dritte-Welt-Basar des Nachbarschaftsheims: Die Sachen sind billig und häufig selbstgemacht. Hier können Sie Dinge erstehen, die von fleißigen Bastlern geschaffen wurden. Ein Trottel, wer den Ruhm dafür nicht für sich einstreicht. Und schließlich ist es für einen guten Zweck.

- Flohmarkt

Gibt es in Ihrer Stadt einen Flohmarkt? Nichts wie hin! Hier gilt das gleiche wie auf Basaren: Achten Sie besonders auf Selbstgemachtes. Geben Sie niemals zu, daß Sie etwas auf dem Flohmarkt gekauft haben! Sie waren immer beim Antiquitätenhändler oder Antiquar.

• Schnäppchenmarkt

In Lebensmittelgeschäften, Kaffeeläden und Drogeriemärkten gibt es ständig Eltern-Schenktaugliches als Sonderangebote. Highlights wie Handtücher, Badeschuhe, Luftmatratzen und Strohhüte werden zu Schnäppchenpreisen angeboten. Gehen Sie nicht achtlos und mit gerümpfter Nase daran vorbei: In Ihrer Wohnung wird die Tiffany-Tischleuchte ja nicht stehen!

Werfen Sie auch immer wieder mal einen Blick auf die Displays neben der Kasse im Supermarkt: Hier finden Sie preiswerte Videos, CDs und Musikkassetten, die erstaunlicherweise oft genau den Geschmack unseren Eltern treffen. Ein wenig Vertrauen sollten wir den Marktleitern dieser Läden ruhig entgegenbringen. Die kennen ihre Pappenheimer.

• Ramschtische

In den Buchabteilungen der Kaufhäuser und Buchläden werden mit schöner Regelmäßigkeit Bildbände verramscht. Für dreißig Mark bekommen Sie teuer aufgemachte Bildbände mit schikken Photos, die mal das fünffache gekostet haben. Zum Verschenken des Bandes müssen Sie sich nur eine plausible Geschichte einfallen lassen: Warum es unbedingt dieses Buch sein mußte.

Zum Beispiel: Den Bildband »Barockkirchen« verschenkt man, weil die Eltern gerne Urlaub in Bayern machen. Den Bildband mit Entwürfen eines unbekannten Architekten verschenkt man dagegen mit der Behauptung, er hätte gerade einen wichtigen Preis gewonnen (wird eh keiner nachprüfen). Beim Skizzenbuch eines unbedeutenden Malers behaupten Sie, daß gerade ein Bild von ihm für Millionen versteigert worden sei. Das beeindruckt.

• Kataloge für Hausfrauen (nur für Hartgesottene)

Ein großartiger Fundus sind die wundervollen Kataloge für Hausfrauen (vergl. Danksagung S. 133)! Sie sind voll mit Abstrusitäten, die nun wirklich kein Mensch braucht, die sich aber prima als Geschenk eignen. Welcher Vater kann schon bei einem Bierdeckel mit Monogramm Nein sagen? Tauchen Sie ein in die Welt »Der modernen Hausfrau«, des »Tina-Versandes« oder von »3 Pagen.«

- INTERNET

Im Netz aller Netze finden Sie schnell die unterschiedlichsten Sachen – und vieles davon kostenlos. Schauen Sie nach unter www.kostenlos.de. Ob Sie Informationen zu Orten und Urlaubsregionen, zu Namen und Familiengeschichten suchen: Im Internet gibt es eine Menge umsonst. Und die wenigsten Eltern haben einen Zugang und wissen, wie kinderleicht Sie an alle Dinge herankommen: Eindruck schinden ohne Aufwand.

- UMSONST

In Stadt- und Regionalmagazinen gibt es meist eine Rubrik, die »Umsonst«, »Zu verschenken« oder ähnlich heißt. Durchstöbern Sie die Anzeigen. Auch hier wird bestimmt etwas für den elterlichen Gabentisch zu finden sein!

EINREDEN UND AUSREDEN

Das Schenken ist ein ewiges Geben (leider) und Nehmen (schon besser). Und da wir manchmal dummerweise schenken müssen, sollte die leitende Maxime all unseres (Schenk-)Handelns sein: Wir bestimmen, was unseren Eltern gefällt, worüber sie sich zu freuen haben, was das ideale Geschenk für sie ist! Oder einfacher ausgedrückt: Was wenig Kosten und geringen Aufwand bereitet, ist das richtige Geschenk für Muttern oder Vatern.

Wie kann das gelingen, ohne daß sie den Braten riechen? Hier gilt die unumstößliche Kapitalistenweisheit: Vom Marketing lernen heißt siegen lernen! Denn ein gut organisiertes Geschenkmarketing ist durch subtile Bedürfnisweckung und -lenkung gekennzeichnet. Sie werden sehen, wie sehr dies die Suche nach Geschenken vereinfacht!

Es funktioniert wie mit der Werbung. Niemand käme von sich aus auf die Idee, Backofenspray, Parfümdeodorant oder Joghurtschokolade zu kaufen. Erst wenn wir sehen, daß diese Dinge Menschen offensichtlich glücklich machen, sind wir überzeugt und greifen zu.

Daher: Reden Sie Ihren Eltern Wünsche ein, konstruieren Sie ein Interesse, wecken Sie dringende Bedürfnisse, die sie ohne Sie sonst niemals hätten.

Bedürfnisse aufschwatzen

Wie manipuliert man Eltern so, daß es beim Auspacken des Geschenks aus ihnen herausbricht: »Endlich!«?

Zunächst müssen Sie Ihre Eltern sanft auf das Geschenk vorbereiten. Das braucht Zeit. Sprechen Sie anfangs nur in Andeutungen darüber. »Also letzte Woche ...« – »War das interessant ...!« Kommen Sie Tage und Wochen später konsequent darauf zurück. Aber vertauschen Sie dabei die Rollen: Es muß jetzt so aussehen, als seien Ihre Eltern auf das Thema gekommen, nicht Sie! Denken Sie sich am besten ein umfangreiches Geschenk aus, das aus vielen Teilen besteht, die Sie nach und nach verschenken können. Das ist besonders effizient: einmal einreden, jahrelang Ruhe.

Wie es funktioniert, zeigt Ben Bauer aus Bergisch Gladbach. Er hatte die geniale Idee, seinen Eltern neues Besteck zu schenken. Dabei haben Bens Eltern – wie alle Eltern – die Schränke gerammelt voll mit dem Zeug. Sie besitzen zwei komplette Eßbestecke für jeden Tag, zwei für Sonn- und Feiertage, ein besonders gutes, das nur alle paar Jahre mal (Taufe, Hochzeit) benutzt wird, außerdem noch zwei Kästen nagelneues Silberbesteck, das noch nie Tageslicht gesehen hat.

»Na und?« dachte Ben, »wo sieben komplette Bestecke Platz haben, ist auch Platz für das achte!« Recht hast du, Ben! Wie ging er dabei vor?

Beginning
Ben ließ ab und zu wohldosiert abwertende Bemerkungen über das Besteck seiner Eltern fallen. Die Gabeln seien unhandlich, die Messer zu schwer, das Design altmodisch, die Löffel haben einen metallischen Beigeschmack. Und das Material sei hundertprozentig gesundheitsschädlich.

Durchführung
Im zweiten Schritt bezog sich Ben auf diese Aussagen, legte sie aber seinen Eltern in den Mund: das Besteck, »das Mutter so altmodisch findet« und »von dem Opa immer Ausschlag bekommt«. Bens Eltern kamen im Traum nie auf die Idee, daß ihr Sohn der Drahtzieher im Hintergrund war. Wieso sollte er ihnen auch so etwas einreden wollen? Früher oder später glaubten sie selbst, daß ihnen das Besteck nicht mehr gefällt.

Happy Ending
Als der erste Satz Kuchengabeln im neuen Design auf dem Gabentisch lag, freuten sich Bens Eltern! Was hatten sie doch für einen aufmerksamen Sohn, der genau wußte, was sie dringend gebrauchen können.

Ben schleppt nun schon seit Jahren bei jedem Anlaß Besteckteile an und muß sich nicht jedesmal den Kopf zerbrechen, was er schenken soll. Bis er bei den Schneckengabeln und Saucenkellen angekommen sind, wird viel Zeit ins Land gehen. Natürlich suchte er sich ein Besteck aus, daß man lange nachkaufen kann und das ihm selbst auch gut gefällt. Denn wohin damit, später?

Der Expertentrick

Ein ganz besonderer Trick, Eltern Bedürfnisse einzureden, nutzt ihre Expertenhörigkeit aus. Es scheint ein Naturgesetz des Älterwerdens zu sein: Sobald jemand einen »Dr.« vor dem Namen hat oder sich als Experte zu erkennen gibt, hat er automatisch Recht.

Das ist natürlich dumm und ärgerlich – einerseits. Es ist aber auch äußerst praktisch für unsere Zwecke. Behaupten Sie vehement, daß bestimmte Dinge, mit denen Sie Ihre Eltern beglücken wollen, ein Muß für jeden sind. Zur Untermauerung nennen Sie den Experten, der das verkündet hat. Hier eine Auswahl, kombinieren Sie beliebig!

Experte	Geschenk
Bundespräsident	Predigerhandbuch
Papst	Reisen
Fußballbundestrainer	Rhetorikkurs
Gotthilf Fischer	Stereoanlage
Die Königin Mutter	Whisky, Zigarren
Michael Schumacher	Lesefibel
Ulrich Wickert	Eheratgeber
Julius Hacketal	Messerset
Miss Universum	Kochbuch

Und so wird es gemacht: »In der letzten Woche hat doch der Wickert in den Tagesthemen erzählt, daß es in jeder Ehe mal kriselt. Und daß man deshalb immer einen Eheratgeber zur Hand haben sollte.«

Langes Leben für Mutti und Vati

Machen Sie Imagearbeit beim Schenken und präsentieren Sie sich als gutes Kind: Seien Sie um die Gesundheit der Eltern besorgt. Das macht sich immer gut. Zumal die meisten Eltern mittlerweile in einem Alter sind, wo ihnen das Thema Gesundheit sehr am Herzen liegt.

Wie wird's gemacht? Zitieren Sie (angebliche) Untersuchungen einer seriösen ärztlichen Fachzeitschrift, die Ihre Geschenk-Wahl untermauern. Tun Sie zunächst erstaunt: »Also, ich habe das zuerst auch nicht geglaubt. Die können einem ja viel erzählen.« Das wirkt reflektiert und überlegen. Schließlich wollen Sie Ihren Eltern ja keinen Mist andrehen! »Aber dann habe ich doch in ›Gesundheitsmagazin Praxis‹ einen Bericht darüber gesehen. Es wirkt tatsächlich!« Behaupten Sie, daß man erwiesenermaßen zehn Jahre länger lebt und gesund bleibt, wenn man die Knoblauchpillen regelmäßig schluckt oder mit den in China gefertigten Hanteln Gymnastik treibt. Viele andere wunderbare Dinge bieten sich an: Rotwein, grüner Tee, Cognac, Weißwein, Raumbelüfter, parfümierte Seifen, Nußpralinen, Hanteln, Massagebürsten, Rosmarinölbad, eingelegte Knoblauchzehen, Nackenrollen.

Ihre Eltern werden begeistert sein, auch wenn sie die Knoblauchpillen wahrscheinlich niemals einnehmen werden. Wie sehr sich das gute Kind doch Gedanken um ihre Gesundheit macht.

Wie für dich gemacht

Was ein popeliger Verkäufer kann, das können Sie schon lange. Wäre doch gelacht! Wenn er Ihrer Mutter einreden kann, daß das großgemusterte Minikleid ihren Typ ganz wunderbar unterstreicht, wenn Ihr Vater einer Verkäuferin glaubt, daß er im Jeansanzug zehn Jahre jünger aussieht, dann werden auch Sie – mit Heimvorteil – Ihren Eltern sowas einreden können.

Und mit dem Argument »Das ist wie für dich gemacht!« können Sie nun wirklich den größten Schrott verschenken: Strohhut, Halstuch, Handschuhe, Ringelsocken, Blusen und Hemden. Schrecken Sie auch nicht vor T-Shirts mit albernen Aufdrucken zurück.

Vielleicht sind Ihre Eltern nicht auf Anhieb begeistert. Sie haben Ihr schönes Geschenk – die nagelneuen Basecaps – aufgesetzt, stehen vor dem Spiegel und wissen nicht so recht, ob sie lachen oder weinen sollen – genau wie Sie, vermutlich.

Und dann packen Sie das unschlagbare Hammer-Argument aus: »Das trägt man jetzt!« Eltern können nicht anders: Es wird ihnen gefallen, denn das Letzte, was sie sein wollen, ist altmodisch.

Doch arbeiten Sie nicht zu oft mit diesem Argument. Es nutzt sich leicht ab. Zumal auch Ihre Eltern damit operieren! Davon können Barbara, Bambi und Babette Bungert aus Barsinghausen ein Lied singen. Seit Jahren wünschen sie sich zu Weihnachten schlichte Wollpullover – ohne Stickerei, ohne Perlen, ohne Pailletten. Und immer schafft es Mutter Bungert, ganz außergewöhnliche Teile aufzutreiben – mit Stickerei, mit Perlen, mit Pailletten. »Die Verkäuferin hat gesagt, daß junge Frauen das ganz besonders gern kaufen. Das trägt man doch jetzt!«

Ausreden

Ausreden sind (über)lebenswichtig. Ohne sie kommt man nun einmal nicht durchs Leben. Das kann man bedauern, aber nicht ändern. Immer wieder kommt man in die Situation, kein Geschenk zu haben, nicht zur Feier erschienen zu sein oder den freudigen Anlaß gleich ganz vergessen zu haben. Hier sind sechzehn praxiserprobte Ausreden, die Ihnen – sparsam und überlegt eingesetzt – erfolgreich aus der Patsche helfen können. Denn gut gelogen, ist halb gewonnen!

1. »Sag bloß, das Päckchen ist nicht angekommen!«
Geht auch bei Karte, Blumenstrauß und Gutschein. Das ist ein Klassiker. Regen Sie sich mächtig auf! Schimpfen Sie auf die Post, den Briefträger, den Paketzusteller und die ganze faule Bande. Kündigen Sie Beschwerde an! Selbstverständlich werden Sie einen Suchantrag bei der Post stellen. »Wollen wir doch mal sehen!« Achten Sie tunlichst darauf, daß Sie Ihren Eltern nicht zu früh vom Scheitern der Aktion berichten. Gut Ding will Weile.

2. »Ach, wie schade. Ausgerechnet an dem Wochenende muß ich nach Hannover auf die Messe ...!«

Sie müssen leider dringend auf eine wichtige Dienstreise oder Fachmesse. Informieren Sie sich, wann und wo welche Messe stattfindet! Die wichtigsten Termine stehen in fast jedem Taschenkalender oder Terminplaner. Denken Sie daran: In der Zeit Ihrer Abwesenheit dürfen Sie unter keinen Umständen ans Telefon gehen. Eltern sind ja manchmal so raffiniert.

3. »Wo ist es denn jetzt hin? Eben war es doch noch da!«
Diese Ausrede klappt (fast) immer. So dreist schätzen Ihre Eltern Sie bestimmt nicht ein. Sie haben das Geschenk bedauerlicherweise im Zug, im Flugzeug, der Straßenbahn oder im Bus liegenlassen. Ärgerlich, ärgerlich.

4. »Jetzt hab' ich das Geschenk doch im Auto liegengelassen. Ich gehe es gleich holen.«
Sagen Sie einfach, daß das Geschenk noch im Wagen ist. Erst mal Kaffee trinken und gucken, was die lieben Eltern sonst so geschenkt bekommen. Diese Ausrede erfordert ein gutes Timing und starke Nerven. Denn sobald die Eltern das erste spektakuläre Geschenk von irgendwem auspacken, erbleichen Sie und sagen: »Oh nein, genau das gleiche!« Sie erzählen, daß Sie genau die gleiche Vase, Lampe etc. besorgt hätten und sich nun erst etwas anderes überlegen müßten. (Das kann dauern!)

5. »Was sollte ich denn tun? Ich mußte Herrn Bublow doch ins Krankenhaus fahren, der hat doch sonst niemanden. Und bis der Krankenwagen gekommen wäre ...«
Nur ein Herz aus Stein kann Ihnen böse sein, wenn Sie wegen der Lebensrettung des alten Herrn nicht an Vaters Pensionierungsumtrunk teilnehmen konnten. Achtung: Funktioniert nur, wenn die Eltern Ihre Nachbarn nicht kennen!

6. »Und plötzlich war es weg! Beatrix muß es mit in den Kindergarten genommen haben, ich kann es mir nicht anders erklären!«

Schieben Sie alle Verantwortung auf Ihren Partner (wahlweise Mitbewohner, Kind, Kind des Mitbewohners, Besuch, Freunde des Kindes). Das ist immer ein probates Mittel. So sind Sie wenigstens nicht der Buhmann. Und bis das Geschenk, das versehentlich zur Arbeit (wahlweise in die Schule, zur Uni, in den Kindergarten) mitgenommen worden ist, wiedergefunden wird, haben Sie locker ein Geschenk besorgt.

7. »Und da hab' ich den Kleinen mal einen Moment aus den Augen gelassen…«
Wenn Sie kleine Kinder, Hunde oder Katzen haben, sind Sie aus dem Schneider! Wesen dieser Gattungen sind von Natur aus unberechenbar. Wie jeder weiß, pinkeln sie gern mal auf Geschenke, speicheln sie lustvoll ein, verbuddeln sie von Zeit zu Zeit im Park, setzen sich drauf – kurz: zerstören sie! Und wer könnte den kleinen Wesen böse sein?

8. »Aber du hast mir doch hoch und heilig versprochen, daß du das Geschenk für Mama besorgst!«
Blamieren Sie andere Familienangehörige! Das macht richtig Spaß. Bringen Sie am besten solche in die Bredouille, die es nicht besser verdient haben, die sich nicht gut wehren können, die Sie noch nie leiden konnten oder die Ihnen nichts nützen. Keine falsche Sentimentalität: Ohne Pardon beschuldigen.

9. »So ein Jammer! Ausgerechnet heute regnet es. Wo ich doch als Überraschung für Euch ein Picknick geplant habe.«
Spannen Sie Naturereignisse für sich ein. Leben Sie in einer hochwasserbedrohten Region, ist auch das endlich mal von Vorteil. Bei Regen: Das Päckchen ist aufgeweicht und weggeschwemmt oder unter matschigen Erdhügeln verschüttet. Bei Wind: Das Geschenk ist vom Winde verweht und vom herunterfallenden Dachziegel zermatscht. Bei Eis und Schnee: Sie kommen an das Geschenk einfach nicht heran. Trotz Enteisungsspray und vieler bewährter Hausmittel läßt sich das (Tür-)Schloß einfach nicht

öffnen. Bei Hitze und Sonne: Das Geschenk ist geschmolzen, verdorben, unansehnlich geworden oder verdunstet. Oder aber Ihr Kreislauf, der erträgt diese Hitze einfach nicht mehr. Und für Zipperlein dieser Art haben Eltern allemal Verständnis.

10. »Und plötzlich stand dieser Bengel vor mir mit großen Augen und fing an zu weinen. Ich wußte zuerst gar nicht, was ich tun sollte!«
Ein wunderbarer Einfall: Sie als rettender Engel mit Heiligenschein: Sie retten ein Kind, das sich verlaufen hat. Wahlweise kann es auch ein Hund oder eine Katze sein, falls Ihre Eltern Tiere lieben. Berichten Sie ausführlich, welche Mühen es Ihnen bereitet hat, erst den Besitzer ausfindig zu machen oder das Tier zum Tierasyl zu bringen. Bei solchen lebensrettenden Maßnahmen versteht jede Mutter und jeder Vater, daß Sie nicht mehr dazu kamen, daß schon lange bestellte oder zurückgelegte Geschenk abzuholen. Und jetzt ist ja leider Sonntag ...

11. »Ihr werdet's mir nicht glauben: Ich habe mich ausgesperrt!«
Auch das ist ein beliebter Klassiker. Leider leider können Sie nicht am Fest teilnehmen, weil Sie sich aus der Wohnung ausgesperrt haben. Und bis der Schlüsseldienst kommt, das kann dauern.

12. »Ich wollte euch doch keine Angst machen!«
Sie sind nicht zum 60. Geburtstag von Mutter erschienen und haben auch nicht angerufen oder geschrieben. Saublöde Situation! Aber nun einmal passiert. Folgende bluttriefende Story können Sie leider nur ein einziges Mal anwenden: Ihre Blutprobe wurde bei einer Routineuntersuchung beim Hausarzt verwechselt. Die niederschmetternde Diagnose: Leukämie – Lebensgefahr. Und gutes Kind, das Sie sind, wollten Sie Ihre Eltern nicht beunruhigen.

Die hohe Kunst der Verstellung hätten Sie sich einfach nicht zugetraut (zwei fette Pluspunkte nebenbei!), deshalb sind Sie traurig zu Hause geblieben und haben still vor sich hin geweint, anstatt auf dem Fest zu erscheinen. Auf das Sie sich schon lange gefreut hatten. Und eben ruft dann die blöde Sprechstundenhilfe an und meint: »Tut mir leid, aber wir hatten die Blutproben verwechselt.«

13. »Das ist mir in meiner ganzen Laufbahn noch nicht passiert!«
Manche Berufe öffnen wunderbare Fluchtwege, besonders was Familienfeiern angeht. Als Arzt oder Feuerwehrmann haben Sie natürlich Notfälle, aber die können Sie auch sonst haben. Selbst als Krankengymnast kann man sich mit etwas Phantasie schöne Ausreden basteln, wie: »Und dann lag da ein Patient. Der hat geschrien wie am Spieß. Eingeklemmte Nerven wohl. Den konnte ich doch da nicht liegen lassen!«

14. »Das glaubt Ihr bestimmt nicht.«
Verrückte Geschichten müssen Sie vorab immer selbst in Frage stellen. Damit machen Sie sich glaubwürdig. So können Sie auf unabsehbare Zeit Ihre Wohnung nicht verlassen: Links und rechts nebenan wurde eingebrochen, als die Nachbarn nur für Stunden aus dem Haus waren. Die Polizei bat Sie aus Sicherheits- und Ermittlungsgründen, bis zur Klärung des Falls nicht wegzufahren.

15. »So eine Schweinerei. Ausgerechnet jetzt!«
Gerade als Sie zum Fest losfahren wollten, begann es durch die Küchendecke zu tropfen. Dem Nachbarn über Ihnen ist die Waschmaschine ausgelaufen. Oder Ihnen selbst, oder es war die Badewanne oder ein Rohrbruch. Achtung! Das klappt nur, wenn Vater und Mutter weit weg wohnen. Sonst kommt Vater noch auf die Idee, seinen Werkzeugkasten ins Auto zu hieven, um Ihnen zu Hilfe zu kommen.

16. »Seit ich diesen Test gemacht habe, stimmt irgendwas nicht mehr mit mir.«
Begründen Sie Ihre Vergeßlichkeit mit den Nachwirkungen eines Medikamententests, zu dem man Sie aufgefordert hatte, weil Sie eine seltene Genkombination oder besser Enzymkombination haben.

RHETORIK FÜR GEPLAGTE TÖCHTER UND SÖHNE

Unabhängig davon, ob man sich Mühe gibt oder nicht: Eltern mögen manche Geschenke und andere nicht. Und über manche wagen sie es sogar, sich zu ärgern. Um herauszukriegen, wie Ihr Geschenk angekommen ist, um bei eventuellen Unmutsbekundungen gut Wetter zu machen, oder einfach um auszuspionieren, was sie sich wünschen (oder welche Ideen sie selbst haben), sollten Sie sich einige Gesprächsstrategien und rhetorische Tricks aneignen. Suchen Sie das Gespräch gut vorbereitet!

CLEVERE OFFENSIVE FRAGETECHNIKEN

Birgit Beusel aus Bad Bevensen macht vor, wie es gehen kann! Im Sonderangebot hatte sie zwölf gelbe Keramik-Eierbecher in Kükenform gekauft, um sie Mutter und Vater Beusel zu schenken. Zu Ostern wäre das Geschenk vielleicht noch akzeptabel, aber zu Weihnachten? Doch Birgit nahm ihren Eltern durch geschickte Fragen den Wind aus den Segeln.

Raffiniert stellt sie die RHETORISCHE FRAGE: »Ich hoffe, ihr habt euch über die Eierbecher gefreut!« Was sollen Birgits Eltern darauf schon antworten? Sie sind viel zu höflich, um hämisch zu lachen oder zu sagen: »Du glaubst doch nicht im Ernst, liebes Fräulein, daß wir uns über so einen Mist freuen?«

Dran bleiben, Birgit! Sofort legt sie eine SUGGESTIVE FRAGE nach: »Stimmt's nicht, daß ihr schon immer mal neue Eierbecher haben wolltet? Und vor allem zwölf, die zusammenpassen? Wenn man mal zwölf Gäste zum Frühstück hat, dann sieht es doch gleich ganz anders aus!«

Birgit spricht eindringlich und unterstreicht ihre Sentenzen mit Nicken und weiteren Gesten, die zur Zustimmung einladen. Beusels haben keine Chance. Bevor sie wissen, was sie tun, nicken sie. Jetzt läßt Birgit nicht mehr locker: »Zuerst dachte ich, Küken-Eierbecher zu Weihnachten sind vielleicht nicht das Richtige. Aber diese hier sind so hübsch, die kann man sogar Weihnachten benutzen. Ich wußte gleich, das ist etwas für euch. Darüber werdet ihr euch sehr freuen.«

Birgit scheut selbst vor einer NÖTIGUNGSFRAGE nicht zurück: »Nicht wahr, euch gefallen die Eierbecher? Ihr seid doch auch meiner Meinung, daß sie ausgesprochen hübsch sind und gut in euren Küchenschrank passen!«

Was lernen wir vom Rhetorikwunder aus Bad Bevensen? Nicht verlegen herumlavieren, immer offensiv sein! So glauben am Ende selbst die beiden Beusels, daß ihnen das Geschenk gefällt. Das war ja auch der Sinn der Sache.

WENN MAN SICH MAL HERAUSREDEN MUSS

Ist das Kind in den Brunnen gefallen und die Eltern mosern, meckern, heulen oder toben, weil das Geschenk wirklich Mist war, brauchen Sie bald nicht mehr hilfesuchend umherzuschauen. Tricksen Sie Ihre Eltern locker aus und wehren Angriffe ab.

Lernen wir von Bastian Brandt aus Bonn. Er hat große Erfahrungen darin, sich gegen das Gequengel seiner Eltern zu verteidigen. Stein des Anstoßes ist die handgeknüpfte Kinderhängematte, die er seinem Vater zum Geburtstag schenkte. Vater Brandt paßt weder der Länge noch der Breite nach hinein. Zweifelsohne ein blödes Geschenk, Bastian, aber originell!

Bastian kommt dem Angriff zuvor und nimmt Vater Brandt den Wind aus den Segeln: »Ich weiß selbst, daß mein Geschenk dieses Jahr nicht so toll ist!« Die Betonung legt er auf »dieses Jahr«. Das heißt nichts weiter, als daß seine Geschenke die letzten Jahre immer große Klasse waren – was natürlich nicht stimmt!

Dann holt Bastian zum fulminanten zweiten Schlag aus: dem PERSPEKTIVENWECHSEL. »Versetz dich mal in meine Lage«, sagt er, um Zustimmung buhlend. »All die Arbeit jeden Tag! Du als Rentner kannst dich bestimmt nicht mehr daran erinnern, wie knapp das bißchen Freizeit ist, in der man Geschenke besorgen muß!«

Bastian ist ein schlauer Hund. Er nutzt den Perspektivenwechsel nur als rhetorisches Mittel. So läßt er seinem Vater klugerweise keine Zeit zum Nachdenken. Sonst würde Vater Brandt bestimmt erkennen, wie an den Haaren herbeigezogen das Argument von Bastian ist: Natürlich dauert es gleich lange, ein schönes oder ein häßliches Geschenk zu besorgen. Bastian redet weiter und weiter und läßt seinem Vater keine Zeit zur Besinnung.

Bastian beginnt systematisch, Vater Brandts Vorbehalte zu entkräften: »Du denkst bestimmt, ich schenke dir dieses Jahr nur eine läppische Kinderhängematte, weil ich schon wieder pleite bin, dein Zuschuß zu meinem Auto so mickrig war und weil ihr in den Sommerferien die Kinder nicht nehmt. Das stimmt aber nicht!« Natürlich stimmt es! Das weiß der Bastian, und das weiß auch sein Vater. Aber wenn er es doch so explizit betont. Durch ein Gentlemen-Agreement werden die Vorbehalte schnell unter den Tisch gekehrt. Und nächstes Jahr bekommt Vater Brandt den Fan-Schal des Märkischen Sportclubs. Endlich!

Egal wie heftig und hart auch die Kritik an Ihrem Geschenk ausfällt, bewahren Sie Ruhe. Werden Sie nicht nervös. Hören Sie sich zunächst alles an, lassen Sie Vater und Mutter schimpfen und wüten. Und immer dazu nicken und Zustimmung heucheln. So als ob gar nicht über Sie lamentiert würde. Schauen Sie auf keinen Fall schuldbewußt. Sagen Sie maximal: »Ja ja, sicher verstehe ich euch!«, aber niemals: »Ihr habt recht.« Lassen Sie ihnen die Illusionen, daß Sie sich ihr Gemecker zu Herzen nehmen. Wiederholen Sie daher ihre Kritik in eigenen Worten: »Ihr glaubt also, ich habe mir keine Gedanken gemacht, was euch gefällt, sonst hätte ich niemals ein Geweih gekauft.« Und dann bereiten Sie langsam den Boden für einen ersten Themenwechsel vor.

Grundregeln rhetorischer Verteidigung

- Sollten Eltern ein Geschenk heftigst kritisieren, achten Sie darauf, daß Sie die Kritik bei diesem einen Geschenk halten. Keine Allgemeinheiten (»Immer schenkst du uns nur …«)! Das mißlungene Geschenk ist ein Einzelfall (auch wenn Sie jedes Jahr nur üblen Mist verschenken).

- Halten Sie Blickkontakt während des Gesprächs – und sitzen oder stehen Sie aufrecht! Zusammengekrümmtes Hinflegeln oder Kopfeinziehen läßt Schuldbewußtsein vermuten.

- Bleiben Sie freundlich offensiv! Sie müssen die Fäden des Gesprächs in der Hand halten: Stellen Sie die Fragen und wiederholen das Gesagte. Dadurch erlangen Sie die Hoheit und können schnell auf andere Themen lenken.

- Wiederholen Sie Ihre verteidigenden Argumente und stellen Sie rhetorische Fragen. Ein kleine Lüge hier und da hat noch niemandem geschadet.

- Halten Sie immer ein besonderes Argument in der Hinterhand. »Ich weiß genau, daß Mama mal gesagt hat, sie fände Kuckucksuhren äußerst dekorativ!«

- Argumentieren Sie stets in Gegensätzen! »Andere schenken ihren Eltern gar nichts, sie sprechen noch nicht mal miteinander. Ich dagegen mache mir Gedanken, laufe in der Stadt herum, suche wie ein Blöder, um euch diese Kuckucksuhr schenken zu können!« Solche Gegensätze sind ideal zum Profilieren und rhetorisch immer ein Punkt für Sie.

- Reden Sie unbedingt in der Sprache Ihrer Eltern! Sie sollen den Eindruck haben, daß sie mit Ihnen auf einer Ebene stehen.

- Sprechen Sie nicht in Ich-Botschaften! Besser sind Man-Botschaften: »Man schenkt doch ...« – und als Krönung des ganzen: einschließende Wir-Botschaften: »Sollen wir uns wirklich über so eine Kleinigkeit in die Haare kriegen?« Mit dem raffinierten »Wir« ziehen Sie Ihre Eltern ins Boot und entwaffnen sie.

- Seien Sie auf keinen Fall ehrlich!

KONFLIKTMANAGEMENT BEI BLÖDEN GESCHENKEN

Machen wir uns nichts vor: Wenn es ums Schenken geht, lassen sich Konflikte nicht vermeiden. Das Risiko in Fettnäpfe zu stolpern, ist groß. Da schenken wir Muttern ein Kochbuch mit deutscher Hausmannskost, wo sie seit fünfunddreißig Jahren nichts anderes kocht, und Vater bekommt einen Schlafanzug, der ihm kurz nach dem Krieg gepaßt hätte.

Das ist grausam, das ist lieblos, das ist unvermeidlich. Und zack! – hat man Streit, Gemosere und Gezicke am Hals. Nicht alle Konflikte sind behandlungsbedürftig, einige können wir zum Glück getrost ignorieren und andere von vornherein durch geschicktes Konfliktmanagement vermeiden. Schauen wir uns die häufigsten Kampf- und Konfliktarten an, die zwischen Eltern und Kindern über Geschenke ausgetragen werden!

Da sind zunächst die KLEINEREN REIBEREIEN. Ihren Eltern paßt etwas nicht, sie reagieren mit Gemäkel: »Ein bißchen mehr könntest du dich schon um deine alte Mutter kümmern!« oder »Seit zehn Jahren bekomme ich von dir die gleiche Tasse geschenkt. Kannst du mir nicht wenigstens ein Mal, nur ein einziges Mal, was anderes schenken?« Vergessen Sie solche Kommentare und Vorwürfe gleich wieder! Einmal kurz besänftigen – »Jaja, Mutter!« – reicht völlig.

POSITIONSKÄMPFE sind da schon von ganz anderem Kaliber. Da wird erwartet, daß Sie Stellung beziehen: »Wen hast du lieber – Mama oder Papa?« Oder haben Sie etwa gedacht, Ihre Eltern seien darüber erhaben und frei von Konkurrenz, Neid und Eifersucht? Lachhaft. Sie sind es nicht! Natürlich wird diese Frage nicht offen ausgesprochen. Niemals. Sie müssen sie erraten.

Eine böse Erfahrung mit solchen Positionskämpfen hat Becky Bode aus Beckum gemacht. Als Kind bedachte sie ihre Mutter großzügig mit allerliebsten Geschenken: bunte Kritzeleien, herausgefallene Zähne, zur Hälfte gelutschte Bonbons – diese Kostbarkeiten schenkte sie der lieben Mutti, während Vater in die Röhre schauen mußte. Mit achtzehn wendete sich das Blatt. Als Becky begreift, daß Vater die spannenden Sachen verwaltet – Geld und Auto – beschenkt sie ihn mit Elektrogeräten, während Mutter Bode mit Cromargan-Platten abgespeist wird. Becky, hättest du doch nachgedacht! Frauen leben länger als Männer. Mütter hocken letztlich auf den guten Stücken. Jetzt kannst du lange auf die Aktien und Silbersachen warten. Da freuen sich die Geschwister.

Apropos: Mütter werden generell unterschätzt, man hält sie für bescheiden, gütig und kinderlieb. Ein gefährlicher Trugschluß! Zu der weitverbreiteten Fehlinterpretation mütterlichen Verhaltens hat der Ausdruck »Sie kämpft wie eine Löwin um ihre Kinder« erheblich beigetragen. Korrekt wiedergegeben lautet der Satz nämlich: »Sie kämpft wie eine Löwin um schöne, große und viele Geschenke von ihren Kindern.« Ein fundamentaler Unterschied. Und das klingt doch gleich ganz anders.

Wirklich schwerwiegend sind SYSTEMVERÄNDERUNGSKONFLIKTE. Hier geht es richtig zur Sache, wie Bertram Bommer aus Brieselang bitter erfahren muß. Er hat die Nase voll und denkt: »Ihr könnt von mir fordern, was ihr wollt. Ich tue alles – lerne jodeln, ziehe nach Delmenhorst, wähle FDP – aber für meine Eltern besorge ich kein einziges Geschenk mehr!« Ernsthaft überlegt Bertram, ein einseitiges Geschenk-Moratorium zu verkünden. Aber er scheitert schon im Vorfeld. Die Bommers sehen es gar nicht ein: Bertram soll sich nicht mehr mit der Geschenksuche quälen, und sie sollen weiter bluten? (Es ist sehr schwer, so etwas zu begründen, Bertram. Deshalb klappt es auch so selten!) Seine Weigerung, dem elterlichen Verlangen nach Geschenken nachzukommen, stellt unverkennbar das herrschende System in Frage.

Man kann es drehen und wenden, wie man will: Das verzeihen einem Eltern nie. Und Mutter und Vater Bommer schon mal gar nicht. Drei Studiengänge hat Bertram ausprobiert, zwei uneheliche Kinder gezeugt, eine Asylantin geheiratet, den neuen BMW der Bommers zu Schrott gefahren. Jedesmal reagierten Bertrams Eltern wie aus dem Lehrbuch sanfter Pädagogik: »Paß das nächste Mal besser auf, Bertram!«

Aber einen Schenk-Boykott anzudrohen! Das können selbst die sanftesten Eltern nicht verknusen. (Das ist Revolution, Bertram, und das hättest du wissen müssen! Jetzt tu nicht so erstaunt. Hast du im Ernst geglaubt, damit kommst du durch?)

Woran merkt man, daß etwas ganz und gar nicht stimmt und ein Konflikt droht? Nutzen Sie unsere hilfreiche Checkliste zur Konfliktfrüherkennung!

Checkliste

Sie sollten sich ernstlich um das elterliche Wohlbefinden kümmern und gegebenenfalls ein Geschenk nachlegen,

- wenn Vater leise vor sich hinmosert, während er die geschenkte Bohrmaschine in der Originalverpackung hinter dem Vorhang im Flur verstaut.
- wenn Mutter die Geschenke überhaupt nicht mehr erwähnt, wo sie doch sonst jeden Blumenstrauß aufzählt.
- wenn die Eltern versuchen, das Gespräch auf ein anderes Thema zu bringen: »Wie geht es eigentlich Onkel Franz?«
- wenn die Eltern sich in unserem Beisein über anderer Leute Geschenke unterhalten: »Die Biers haben von ihren Kindern zur Silbernen Hochzeit eine Reise an die Mosel bekommen. Und dann diese wunderbare Rede beim Essen. War das schön! Was haben die sich gefreut, die Biers!«

Wenn Eltern in dieser oder ähnlicher Weise reagieren, dann ist unumstößlich klar: Sie haben etwas grundlegendes falsch gemacht, Sie haben Boden verloren. Keine Bange. Alles läßt sich korrigieren!

Was Sie nun machen müssen, nennen die Profis WIRKUNGSORIENTIERTES VORGEHEN: Entdramatisieren und verniedlichen Sie die Konflikte und starten Sie schnell Ausweichmanöver! Irgend ein banales Familienthema werden Sie schon parat haben. »Hauptsache, wir haben uns noch. In anderen Familien, da sieht es aber ganz anders aus. Streit kommt in den besten Familien vor. Wer sich streitet, hat sich besonders gern.« Lassen Sie sie nicht zum Nachdenken kommen. Immer weiter reden und den Pathos in der Stimme nicht vergessen.

Heisser Konflikt

Beim heißen Konflikt wissen alle, was Sache ist: dicke Luft! Aber die wenigsten sprechen auch aus, welche Laus ihnen über die Leber gelaufen ist: »Was für ein gräßliches Geschenk! Laß dich hier nicht eher wieder blicken, bis du etwas Neues besorgt hast!« Diese grobe und unhöfliche Form kommt eigentlich nur bei einem extremen Fehlverhalten eines Sohnes oder einer Tochter vor.

Weitaus geläufiger, weil häufiger, sind andere Ausprägungen heißer Konflikte. Schauen wir auf Burkhard Bär aus Bretzenheim. Fast von Geburt an vernachlässigt er in beinahe gefährlicher Weise seine Eltern. Wer kann's ihnen verdenken, daß sie ihm das nachtragen? Über Jahre hinweg ignorierte Burkhard standhaft alle Geschenkanlässe. Seine Schwester Biggi schleppt Sonntag für Sonntag selbstgebackenen Kuchen ins elterliche Heim und pflegt hingebungsvoll Omas Grab. Nichts ist für Biggi so schön wie ein Urlaub mit Mutter Bär und Vater Bär.

Was muß Burkhard sich plötzlich plagen und zentnerweise Geschenke ankarren. Und das alles nur, damit beide Bärs die Bürgschaft für seinen Kredit unterschreiben. Was ihn das alles gekostet hat?

Kalter Konflikt

Bei kalten Konflikten dominieren Resignation und Desillusionierung. Diagnostizieren Sie ähnliches zwischen Ihren Eltern und Ihnen? Dann sollten Sie sich schnellstens etwas einfallen lassen, sonst ist Hopfen und Malz verloren.

Verschulden Sie sich, pumpen Sie sämtliche Freunde an und besorgen Sie kostbare und repräsentable Geschenke. Denn Sie stehen mit dem Rücken zur Wand. Sonst wird es bald heißen: Adieu, schönes Wochenendhaus, adieu nichtrückzahlbare Kredite! Sie haben Ihre Eltern zu lange gequält. Das Thema Geschenke ist zwischen Ihnen zum Tabu geworden. Vater und Mutter erwarten nichts mehr von Ihnen, ihr Leben ist trostlos und leer geworden, seitdem sie keine Päckchen mehr bekommen. Was können Sie tun?

Wir wollen ehrlich sein: nichts. Unser Tip: Überlegen Sie, ob Sie sich nicht adoptieren lassen können, um noch mal ganz von vorne anzufangen.

MEHR SCHEIN ALS SEIN: PRÄSENTATION UND VERPACKUNG

WOHER NEHMEN, WENN NICHT STEHLEN?

»Der Ton macht die Musik«, »Kleider machen Leute«, »Wie du kommst gegangen, so wirst du auch empfangen« und was es an schönen Sprichwörtern mehr gibt, die alle Eltern auswendig können. Sie weisen auf etwas Wichtiges hin. Nämlich: Pfeif auf den Inhalt, auf die Verpackung kommt es an! Man kann den letzten Mist verschenken, gewußt wie! Lernen Sie, wie man Geschenke wirkungsvoll aufmotzt.

Balthasar Bach aus Bayreuth wacht durchgeschwitzt auf. In einer halben Stunde wird es klingeln und seine Mutter vor der Tür stehen: Sonntag nachmittag ist Kaffeezeit. Das ist schlimm genug, aber noch lange nicht alles! Letzte Woche hatte sie Geburtstag – und Balthasar war nicht da. Mit einer guten Ausrede hatte er sich vorm Fest gedrückt. So weit, so gut! Jetzt aber hilft kein Beten und kein Betteln, kein Hoffen und kein Harren. Noch eine Ausrede wäre tödlich. Das verzeiht Mutter Bach niemals und das weiß Balthasar ganz genau! Der Zeiger tickt, noch zwanzig Minuten, und so wie Balthasar die Mutter kennt, noch weniger: weil sie immerimmerimmer zu früh kommt ... Guter Rat ist teuer!

Was nun, Balthasar? Er läuft durch die Wohnung, stöbert in Schubladen, Regalen und Kommoden. Er findet im hintersten Winkel des Putzschranks einen alten Krug mit zerbrochenem Henkel. Balthasar weiß sofort: Unbestritten das ideale Geschenk! Schnell noch eine Geschichte ausgedacht und Mutter kann kommen.

Als Balthasar ihr schließlich den Krug überreicht, erzählt er von seinem Freund Basilius, der extra für ihn dieses seltene Gefäß auf einem Markt in Bagdad (oder Addis Abeba, Timbuktu) aufgetrieben hat. Balthasar behauptet, daß er ihn bei einem Antiquitätenhändler begutachten ließ. Dann schweigt er vielsagend. Auf soviel Chuzpe kannst du stolz sein, Balthasar!

Auch Belinda Bachmann aus Berchtesgarden geht erfolgreich nach dem gleichem Prinzip vor. Sie durchstöbert Keller, Dachboden, Kofferraum und Gartenschuppen. Dabei findet sie die alte Autodecke des Vormieters. Schnell das Etikett entfernt und den Eltern erzählt, die Decke käme direkt aus Marrakesch. Seit Generationen weben fleißige Berberfrauen solche Decken, aber leider stirbt dies seltene Handwerk aus. Nur die alten Frauen beherrschen die Kunst noch. Nicht wenige Stoffhändler Europas und Asiens sind wie wild hinter solchen Stoffen her. »Und hier ist sie nun, Mutter!« Bravo, Belinda!

Auf diese Weise können Sie alles verschenken, was Ihnen in die Hände fällt. Es kommt allein auf die Geschichte an, die Sie drumherum bauen. Und auf die Form der Präsentation! Schauen Sie die Eltern erwartungsvoll an: »Na, was sagt ihr dazu? Ist das nicht toll?«

Was auch immer Sie für einen Mist verschenken, wie sehr Sie sich auch das Lachen verkneifen müssen, Sie müssen das Geschenk präsentieren, als wäre es ein kostbares Kleinod.

Wenn Ihnen das schwerfällt, stellen sich Sie vor, Sie hätten bei einem gefährlichen Tauchgang im Pazifischen Ozean eine Schatztruhe entdeckt, Sie eigenhändig blutrünstigen Haien aus dem Maul gerissen und mit verschlagenen Muränen gekämpft, um den Schatz zu bergen. Und jetzt ist er da, der große Moment ist gekommen: Sie präsentieren den Schatz.

Legen Sie das Geschenk in einen Koffer oder werfen Sie als Verpackung Stoffreste drüber! Sehr effektvoll ist auch die Aufbahrung in einem separaten Raum, in den Sie die Eltern führen können. Bewegen Sie sich ehrfürchtig und leise.

Niemand wird merken, daß Sie Unsinn reden. Lernen wir von Newsmagazinen! Unsere Geschichten werden nicht schlechter sein, als die von »Explosiv«, »Akte 99« oder »exclusiv – die Reportage«.

Ihre Eltern werden glauben, daß ihnen etwas Besonderes geschenkt wird, und allein darauf kommt es an. Ein Nebeneffekt: Die Rumpelkammer leert sich nach und nach.

Mit Briefen, Karten und Widmungen Punkte machen

Ob Sie in der gleichen Stadt wie Ihre Eltern leben oder nicht: Der eine oder andere Besuch läßt sich sparen, wenn Sie stattdessen schreiben. Gewöhnen Sie sich an, für alle geringfügigen Anlässe einen Stapel Karten im Haus zu haben. Je kitschiger das Bild auf der Karte, je schwülstiger der Text, desto größer der Erfolg.

Anstatt eines Geschenkes (oder zusätzlich zu einem mickrigen) schicken Sie Eltern einen persönlichen Brief! Das kommt gut an, die kleine Mühe ist meist äußerst erfolgreich. Pathos ist Pflicht. Bringen Sie ruhig abgegriffene Floskeln zu Papier: »Glück und Freude für Dich«, »von ganzem Herzen«, »alles, was Du Dir wünschst«. Ihre Eltern wissen solche schriftlichen Botschaften zu schätzen.

Besorgen Sie eine Glückwunschkarte, die etwas hermacht (Goldrand, extrafeines Büttenpapier, Goldprägung). Die paar Mark sind gut angelegt, denn Eltern sammeln so was.

Bei besonders wichtigen Anlässen müssen Sie einen Brief schreiben. Da führt kein Weg daran vorbei. Zunächst malen Sie dick und fett FÜR MAMA oder FÜR PAPA obendrauf, wahlweise auch den Anlaß ZUM 60. GEBURTSTAG, das füllt die Seite!

Aber was schreibt man bloß? Betonen Sie gemeinsame Erlebnisse – nur die guten, natürlich! Irgendein Treffen im Laufe der letzten Jahre wird Ihnen schon einfallen, ein Familienfest, das weniger gräßlich war als üblich, oder ein gemeinsames Essen, das nicht mit Tränen von Mutter oder wütendem Gebrüll von Vater endete. Betonen Sie die Harmonie des Tages. (Sowieso ist Harmonie eines der zentralen Zauberworte, aber das wissen Sie ja sicher schon!)

Versetzen Sie sich in die Lage des Empfängers: Worauf sind Ihre Eltern scharf? Was ist ihnen wichtig? Worauf sind sie stolz? Legen Sie an – und treffen Sie ins Schwarze!

Hier sind Beispiele, wie es gehen kann!

- Sind sie stolz auf drei wohlgeratene Kinder, von denen keiner ein Strauchdieb, Halsabschneider oder Heiratsschwindler geworden ist? Schreiben Sie: »... und daß aus uns allen was geworden ist, verdanken wir nur Euch ...« Oder: »Das ist doch das wichtigste, daß man ein Zuhause hat, wo man immer wieder gerne hinkommt« und »solche Eltern wie ihr«. Ist Ihren Eltern das Reihenhäuschen mit Garten wichtig? Dann spielen Sie eben darauf an: »... auf daß Du in Deinem neuen Lebensjahr mehr Zeit hast, in Deinem wunderschönen Garten zu sitzen ...«

- Sind sie stolz darauf, sich gutgehalten zu haben (jedenfalls im Vergleich zu Schneiders nebenan, und zu Hoffmanns erst recht)? Formulieren Sie: »... auf daß Ihr weiterhin Eure Frische und Jugend behaltet und noch lange nicht zum alten Eisen gehört ...«. Oder: »Allem Neuen gegenüber aufgeschlossen«. Das können Sie zum Beispiel schreiben, wenn sie sich tatsächlich über den Anrufbeantworter freuen, obwohl sie ihn nicht brauchen, weil sie sowieso immer zuhause sitzen! Schreiben Sie den Brief nie mit PC oder Schreibmaschine, immer von Hand! Am wichtigsten ist die Schlußformel: Dein Sohn beziehungsweise Deine Tochter! Wenn es um viel geht – Erbschaft, Familienschmuck –, fügen Sie Dich liebende/r ein.

Kleben Sie zusätzlich noch ein Photo von sich auf den Brief (ein Paßphoto reicht allemal, auf die Geste kommt es an!) Und schon können Sie in aller Ruhe Ihren Anlageberater anrufen, der Sie seit Jahren bezüglich Erbschaft und Familienschmuck berät.

Nun noch etwas zu einem nicht unwichtigen Nebenthema, das viel zu viele Söhne und Töchter vernachlässigen. Ausgerechnet hier, wo sich problemlos Persönlichkeits-Marken setzen lassen. Es ist die Rede von Widmungen. Überwinden Sie die Skrupel! Schnell reingeschrieben und zugeklappt! Sie müssen sich das ja nicht mehr anschauen. Dafür aber die Nachbarschaft: Denn die bekommt nun die Widmung immer wieder unter die Nase gerieben.

Orden für Papa und Mama

Beppo Brot aus Büdingen kennt keine Skrupel. Er praktiziert seit Jahren ein abscheuliches (also effektvolles) Ritual. An ganz besonderen Ehrentagen überreicht er selbstgemachte Orden an Mutter und Vater Brot.

So werden die Brots ausgezeichnet. Beppo denkt, wenn schon peinlich, dann richtig! Dazu braucht er nicht mehr als drei kleine Stückchen Pappe in verschiedenen Farben, schnell noch eine Anstecknadel im Geschäft gekauft und nach wenigen Minuten basteln heißt es: Ordensverleihung bei Brots. Wie wird's gemacht?

Zunächst schneidet Beppo einen handtellergroßen Kreis aus einem Stück Pappe aus. Auf den äußeren Rand klebt er Ornamente (Kreise, Dreiecke, Balken, Sterne), die er aus einem Pappstück anderer Farbe ausgeschnitten hat. Schließlich noch aus einem dritten Stück Pappe (wieder eine andere Farbe) eine Schleife geschnitten und ins obere Drittel des runden Pappstückes geklebt. Und fertig ist das edle Ding.

Für die entscheidende Arbeit läßt sich Beppo Zeit. Schließlich gilt es zu punkten. Mit schwarzem Filzschreiber trägt er in die unteren zwei Drittel der Pappscheibe die Laudatio für Mutter oder Vater Brot ein. »Für 35 Jahre aufopferungsvolles Bügeln« oder »Für 28 Jahre regelmäßige Betreuung meines Kontos«, »Mutti ist die Beste«, »Für den sportlichen Vater« oder »Die beste Köchin der Welt«.

Und nie vergißt Beppo, auf die Rückseite der runden Pappscheibe eine Anstecknadel zu kleben. Denn Mutter Brot will den Orden doch auch angeheftet bekommen.

Und was Beppo kann, davor sollten auch Sie nicht zurückschrecken! Scheuen Sie keine Peinlichkeit. Vergessen Sie nicht, sich einen Salbader (Spruch) für die Ordensverleihung auszudenken. »Hiermit überreiche ich, im Auftrag der ganzen Familie, dem besten aller ...« Sie werden sich verwundert die Augen reiben, wenn Mutter oder Vater sich glücklich lächelnd den Orden ans Revers stecken lassen. Und wenn sie dafür auch die nächsten Jahre Ihre Hemden bügeln, sich um Ihren Kontostand kümmern oder ihre Enkel in den Ferien nehmen, dann ist das doch einen Orden wert!

Reden leicht gemacht

Besonders effektvoll sind Festtagsreden. Zuerst überlegen, wann und wo man Reden halten muß. Ein absolutes Muß sind Reden auf großen Festen. Vor allen Verwandten und Nachbarn die kluge Tochter oder den wohlgeratenen Sohn herauszukehren, das ist Ihren Eltern (fast) schon Geschenk genug. Hier sammeln Sie Bonuspunkte.

Ob sich der Aufwand auch im trauten Familienkreis oder in der Pizzeria um die Ecke lohnt, bleibt dahingestellt. Aber denken Sie daran: Ob Sie nun stumm Ihre Zeit verplempern oder noch eine Rede halten, ist auch egal. Zumal es weder Aufwand noch Kosten verursacht.

Eltern jedenfalls lieben Reden. Sie kennen das aus dem Fernsehen und rechnen nie im Leben damit, daß ihnen selbst mal so etwas widerfahren wird.

So wird's gemacht. Machen Sie vorher Stichworte, sammeln Sie alles, was Sie in die Rede einbauen können. Es versteht sich, daß alle Themen mit Konfliktpotential ausgeklammert werden. Viel bleibt deshalb nicht übrig, aber immerhin: Aus Datum, Jahreszahl und Ort der Geburt läßt sich etwas basteln. Diese Essentials sollten Sie sich aufschreiben. Erwähnen Sie interessante Geschehnisse, die im Geburtsjahr stattfanden (Bombardement von Dresden, Untergang der Titanic, Schwarzer Freitag). Schlagen Sie einen Bogen zum Geburtsort (»Aus dem schönen Heidelberg ...«).

Sprechen Sie über ein, zwei schöne Erlebnisse, die Sie mit dem Geburtstagskind hatten. Recherchieren Sie, welcher Prominente am gleichen Tag Geburtstag hat, und dann ziehen Sie den Vergleich, der natürlich immer zugunsten des Elternteils ausfallen muß. Beispiele:

- Ihr Vater ist am gleichen Tag geboren wie Albert Einstein. »Nicht nur Einstein war ein bedeutender Mann, der etwas erreicht und geschaffen hat. Was ist schon die Relativitätstheorie gegen die Gründung des Kegelclubs Elsterwerda, die zwanzigjährige Betreuung unserer A-Jugend und den neuen Anbau hinterm Haus?«

- Ihre Mutter hat am gleichen Tag Geburtstag wie Gina Lollobrigida. »Gina Lollobrigida war bekannt für ihre Kurven, aber die hat unsere Mutter auch! Und Temperament hat sie mindestens so viel, auch wenn sie keine Italienerin ist. Immer mittenmang, wenn's was zu feiern gibt!«

Das Ergebnis ist phänomenal. So eine Rede wird Ihnen nie vergessen werden. Noch nach Jahren kommen Ihre Eltern darauf zurück. Scheuen Sie sich nur nicht vor Platitüden!

Verpackungs-Management

Ein unverpacktes Geschenk ist eigentlich keines – das Auswickeln gehört beim Schenken dazu. Aber auch das Verpacken macht Mühe und kostet Zeit. Daher sollte man auf einfache Varianten zurückgreifen.

Die Ausnahme: Es gibt Gabentische. Da liegen alle Geschenke lange (bis nach dem Büffet) auf einem Haufen und werden von allen begutachten. Das ist eine elegante Gelegenheit, sich mit Hilfe der Verpackung abzuheben. Wählen Sie eine aufwendige Präsentation: Ihr Geschenk muß die anderen ausstechen! Achten Sie darauf, daß Ihre Glückwunschkarte gut lesbar außen am Geschenk befestigt ist.

Einfache Varianten

- Einfache, große Packpapiertüten gibt es in vielen Supermärkten, meistens kostenlos oder für zehn Pfennig pro Stück. Sie sind ein preiswertes und äußerst individuelles Verpackungsmaterial, das man bekleben, beschriften oder bemalen kann.

- Buntes Kreppapier gibt es in allen Bastel- und Papiergeschäften und in Kaufhäusern. Es ist billig, macht aber trotzdem was her.

- Zum Umwickeln des Paketes kann man Wollfäden nehmen. Auch das kostet fast nichts: Ein einziges Knäuel reicht für den Rest Ihres aktiven Schenker-Lebens.

- Fragen Sie beim Kauf eines Geschenkes, ob man es gleich einwickelt! In den meisten Geschäften gehört das zum Service, den Sie sich auf keinen Fall entgehen lassen sollten.

- Wenn Sie kleine Kinder haben, sind Sie fein raus. Bemalte Tapetenreste oder mit Kartoffelstückchen bestempeltes

Papier eignen sich hervorragend als Verpackung. Und wieder sind die Schubladen um etwas Müll ärmer.

- Immer noch schick und nicht sehr teuer: durchsichtige Folie. Die gibt es in jedem Kaufhaus.

- Wickeln Sie das Geschenk in aussortierte Poster oder Ausstellungsplakate, die Ihnen nicht mehr gefallen oder die beschädigt sind.

- Nehmen Sie Zeitungspapier zum Einwickeln, und zwar besonderes. Zum Beispiel die Prawda oder eine asiatische Wochenzeitung. Bahnhofskioske und -buchhandlungen haben in der Regel eine große Auswahl fremdländischer Zeitungen. Das macht Eindruck!

Aufwendigere Varianten

- Silberne oder goldene Glanzfolie (Bastel-, Papiergeschäft, Kaufhaus) läßt Geschenke kostbar aussehen.

- Verteilen Sie auf dem Geschenk großzügig eine Rolle Luftschlangen. Schon fällt es auf.

- Wickeln Sie das Geschenk in einfaches Papier, bestreichen Sie einen Teil der Oberfläche mit Klebstoff und streuen Glitzerpuder oder -sternchen darauf.

- Stellen Sie ein Duzend brennende Teelichter um das Geschenk.

- Stecken Sie in nicht brennbare Geschenke beziehungsweise Verpackungen einige Wunderkerzen.

- Schmücken Sie das Geschenk mit: Federn, Bändern, Aufklebern, rote Herzen, Konfetti, einem (festgebundenen) Luftballon.

- Kaufen Sie für wenig Geld verwelkte Blumen beim Blumenhändler, die er eigentlich nicht mehr verkaufen kann. Blütenblätter abzupfen und übers Geschenk streuen. Am besten eignen sich Rosen.

- Stopfen Sie einen Gutschein oder ein kleines Geschenk in einen Luftballon und blasen ihn auf. Es macht sich gut, kostet fast nichts und wirkt originell.

- Schmücken Sie das Geschenk je nach Jahreszeit! Winter: Tannenzweig, rote Kerze, Walnüsse. Herbst: buntes Laub, Kastanien. Frühling und Sommer: kleine Zweige, einfache Blumen.

Beachten Sie vor allem die Regel Nummer eins des Verpackungswesens: An wen können Sie das leidige Geschäft delegieren? Ähnlich wie beim Geschenkesuchen gibt es in Familien begeisterte Einpacker. Outen und delegieren!

NÜTZLICHE NEBENEFFEKTE VON GESCHENKEN

Corporate Identity und positives Image

Schaffen Sie sich über Ihre Geschenke eine Corporate Identity (CI), also ein einheitliches Erscheinungsbild. Damit können Sie die Erwartungen, die Ihre Eltern an Sie haben, mitbestimmen und steuern.

Wie so etwas läuft, zeigt das Beispiel von Bernd und Bernadette Boltermann aus Buchbach. Konsequent hat Bernadette an ihrem Image gearbeitet: Fröhlich, offen und naturverbunden in Ausstrahlung und Outfit. Sie verschenkt nur Blumen. Zwar finden Mutter und Vater Boltermann das doof, aber es paßt so gut zu Bernadette. Murrend wird es akzeptiert. »So ist sie halt!« Ihr Bruder Bernd aber schüttet zu jedem Anlaß ein Füllhorn über die

Boltermanns aus. Nun liegt die Latte hoch für Bernd. Denn einmal vergessen oder weniger geschenkt, bedeutet schon die Katastrophe.

Die eigene CI macht das Verhalten den Eltern gegenüber unverwechselbar und für sie einschätzbar. Bernadette macht es richtig: Sie schenkt jahrein jahraus Blumen. Und das erwarten die Eltern deshalb von ihr: Blumen.

Haben Sie sich einmal für ein Vorgehen entschieden (öko, traditionell, kitschig) müssen Sie diesen Stil durchhalten. Man sollte genau überlegen, welchen Stil und welches Erscheinungsbild man sich geben will. Denn einmal zugelegt, ist es schwer, es zu verändern. Eltern lassen nur ungern von einem Bild ab, daß sie von ihren Kindern haben. Einmal Nesthäkchen, immer Nesthäkchen; einmal Klassenbester, immer Klassenbester.

Bauen Sie ein CI–Konzept auf: Dazu gehört mehr als eine kluge Geschenkauswahl, aber das ist schon ein guter Anfang. Wann schenken Sie, wie verpacken Sie die Geschenke? Geben Sie sich eine individuelle Note. Und bleiben Sie berechenbar: So können Sie sich selbst mit monotonen Wiederholungsgeschenken ein positives Image aufbauen.

Aktive Familienpolitik durch Geschenke

Kaum ein Mittel ist so dazu geeignet, aktiv in das Familiengeschehen einzugreifen, wie Geschenke. Sie müssen es ja nicht gleich wie Bill Barber aus Bruchhausen versuchen. Nicht ganz ohne Aufwand hat er den alten Bildband »Die Pilze unserer Heimat. Leipzig 1904« besorgt. Manche Bilder und Zeichnungen waren mittlerweile nicht mehr ganz deutlich zu erkennen, aber der Ledereinband, einfach einmalig! Fast wie von selbst kommt Vater Bauer auf die Idee, daß man doch mal wieder Pilze sammeln könnte. So eine leckere Pilzpfanne ... Daß Bill bei dem Schmaus nicht dabei sein wird, haben wir uns fast gedacht.

Selbstverständlich verabscheuen wir Bill Barbers Tun. Aber anders herum, wenn man schon Geld ausgibt für Geschenke:

Warum dann nicht mit ihnen auch die Familienstrukturen beeinflussen. Einige Beispiele:

- Mutter bekommt zehn Fahrstunden geschenkt. Was sehr ärgerlich ist für beide, denn Vater läßt sie sowieso nicht fahren. Zielvorgabe: Ehestreit. Das ist sehr anzuraten, wenn von eigenen Fehlleistungen abgelenkt werden soll.

- Alternative: Vater bekommt einen Haufen CDs geschenkt. Zu Mutters Leidwesen ist er Country- und Western-Fan. Auch die Videos von Italowestern machen Vater Freude. Und als krönenden Abschluß schenken Sie ihm eine echte Montur: Cowboyhemd und –hut und Mutter geht mit ihm nicht mehr vor die Tür.

- Oder wie wäre es mit einer Mitgliedschaft im Fitnessclub für Vater, wo Mutter eine Karte für die »California Dream Men« bekommt? Spätestens dann wird sie ihm vorhalten, wie gut er aussehen könnte, wenn er sich mal ein bißchen Mühe geben würde.

- Schenken Sie Vater einen Kochkurs. Wo er doch so ein Feinschmecker ist. Was wird sich Mutter freuen.

Entscheidend bei der Planung ist nur, daß Sie sich frühzeitig darüber im klaren sind, was Sie bewirken wollen. Wen wollen Sie gegen wen ausspielen: Vater gegen Mutter, Mutter gegen Vater, die Eltern gegen die restlichen Geschwister? Oder haben Sie nur einen bestimmten Bruder im Visier?

NEUE GOLDENE REGELN DES SCHENKENS

1. Schenken Sie nur, wenn es keinen Ausweg gibt!
2. »So wenig Aufwand wie nötig bei maximalem Erfolg« bedeutet: Das ideale Geschenk kostet so wenig Zeit und Geld wie möglich.
3. Schenken Sie nichts, was lange hält! Die Geschenke müssen sich möglichst abnutzen, damit Sie das gleiche noch mal verschenken können. Wahlweise können Sie auch fehlerhafte Dinge verschenken. Die gehen noch schneller kaputt.
4. Vorsicht bei Dienstleistungsgeschenken (Schneeschippen, Fensterputzen, Rasenmähen)! Achten Sie darauf, daß sie maximal einmal – idealerweise nie – eingelöst werden können.
5. Sammeln Sie konsequent jeden Unsinn, den Sie von Freunden, Nachbarn oder Kollegen geschenkt bekommen. Alles wird an Eltern weiterverschenkt.
6. Schenken Sie Eltern so oft wie möglich Geschenke mit anderen Leuten. Hängen Sie sich einfach an die Ideen Ihrer Geschwister und sonstigen Verwandten ran.
7. Ihre Eltern müssen immer das Gefühl haben, daß Ihnen die Geschenke auch gefallen.
8. Eine Aufgabe der Geschenke ist es, daß sie Ihnen ein positives Image geben und so strategische Vorteile gegenüber Mitbewerbern (Geschwister) um Erbstücke verschaffen. Machen Sie deren Geschenke unauffällig schlecht!
9. Beeinflussen und steuern Sie die Bedürfnisse Ihrer Eltern und merken Sie sich vor allem, wann Sie ihnen was geschenkt haben.
10. Achten Sie darauf, daß Ihren Eltern dieses Buch niemals in die Hände fällt!

GESCHENKIDEEN

Zum Glück gehören die meisten Eltern einer Generation an, die in ihren Hobbys und Vorlieben berechenbar ist: Frauen machen Handarbeit, Männer sehen Sportschau. Was ihnen allerdings im einzelnen gefällt, wissen wir nicht (vielleicht weiß es der freundliche Tankwart). Aber wenigstens im Groben ist es voraussehbar. Das gilt es auszunutzen.

Außerdem sind Eltern von Natur aus beeinflußbar, deshalb kann man ihnen eigentlich alles mögliche schenken, so lange man ihnen nur das Gefühl gibt, es sei der letzte Schrei. Curt Cämmerer aus Cuxhaven beispielsweise verschenkt zu jedem Anlaß die größten Scheußlichkeiten, die er finden kann – Hauptsache, es kostet nicht viel und dauert nicht lange. Und jedesmal erzählt er seinen Eltern, daß er ihnen das absolut Neueste vom Neuen gebracht hat. »Das kommt jetzt wieder in Mode« – so lautet sein Standardargument, das er schon bei Hüttenschuhen, Heizdecken und Hustensaft mit großem Erfolg verwandt hat. Werden Sie Trendsetter wie Curt.

Geschenke, über die man sich selbst später einmal freuen wird, sind auch immer eine gute Idee. Schenken Sie Ihren Eltern seltene Münzen, teure Weine und kostbare Briefmarken, also Dinge, deren Wert im Laufe der Jahre steigt. Geschenke sind Investitionen – in Ihre Zukunft!

Ganz am Ende des Buches haben wir Geschenkideen für Feiglinge versteckt. Wer sich nicht traut, etwas Besonderes oder einmal anders zu schenken – bitte schön, der muß eben wieder eine Saftpresse zu Weihnachten kaufen!

KLASSIKER

Es gibt sie tatsächlich: die Geschenke-Klassiker! Seit Jahren können Söhne und Töchter mit ihnen großen Erfolge verbuchen. Mütter strahlen und Väter klopfen den Zöglingen auf die Schulter. »Das war aber mal eine gute Idee!«

Also nichts wie hin, zu diesen altbewährten Geschenkideen. Das denkt auch Caesar Cadeau aus Coppenbrügge: »Warum soll ich ihnen nicht auch ein Porträt schenken, wo das doch alle machen?« Das hübsche Foto vom besten Fotoatelier in Coppenbrügge zeigt Caesar ganz im feinsten Zwirn. Das macht nun wirklich Eindruck. Die Cadeaus, hoch erfreut, lieben ihren Caesar nun noch inniger.

Doch Caesar wollte mehr. Er wollte alles. »Auf das Altbewährte sollst du setzen«, denkt der schlaue Hund, und schenkt den beiden Cadeaus ein schönes Fotoalbum – selbstklebend. Voll mit Bildern des letzten Urlaubs in Columbien. Ach, hättest du doch besser aufgepaßt. Nun wird der Vater mißtrauisch. »Ist die Clarissa doch ein Claus?«

Doch Caesars Freund, der Claus, der ist auch ein schlauer Kerl. Zum Brunch ins Hotel Eden, da laden die beiden Mutter Cadeau und Vater Cadeau ein. Wer kann da schon nein sagen? Nach vorsichtigem Beginn wird der Morgen zum Mittag und zum Erfolg. Weil Claus und Caesar wissen, wann man in den bitteren Apfel beißen muß. Caesar und Claus, ihr habt's raus. Und als dann eine Woche später noch das Abonnement der »HörZu« nach Coppenbrügge-West geflattert kam, da war kein Halten mehr.

Und nächstes Jahr, da sind sich beide sicher, da hängt dann auch das Bild von Claus, von Caesars Freund, in Coppenbrügge-West. Wenn das nicht klassisch ist?

Das Zeitungsabonnement

Lesen tun sie fast alle, die Eltern. Auch wenn dabei häufig seltsame Leidenschaften zu beobachten sind. Aber warum sollten wir es ihnen nicht gönnen, die örtlichen Todesanzeigen mit Begeisterung zu lesen? Unterstützen Sie die Leselust Ihrer Eltern: Schenken Sie ihnen ein Zeitungsabonnement. Lassen Sie sich nicht davon abschrecken, daß sie schon die örtliche Tageszeitung, zwei Fernsehzeitschriften, drei Fachjournale und ein Rätseljournal beziehen. Das darf uns nicht verwirren. Sie bekommen ein Abo, basta!

Variante Eins

Sie kümmern sich nicht weiter um die Interessen Ihrer Eltern, sondern wählen konsequent das Abo nach der Werbeprämie aus. Was wollen Sie schon lange? Den Hometrainer oder das 24teilige Service von Rosenthal? Ihnen wird schon eine Geschichte für Ihre Eltern einfallen, warum sie das »Museumsmagazin« oder »Die Segelwelt« ein Jahr lang bekommen.

Variante Zwei

Machen Sie Image-arbeit!

Das kleine Abonnement für zwischendurch. Zum Vater- oder Muttertag läßt sich gern mal ein Abonnement für zwei Wochen verschenken. Zur Probe, sozusagen! Bestellscheine für Testanforderungen finden Sie in jeder Stadt. Und was wird sich Ihr Vater geehrt fühlen, wenn er für ein paar Wochen das »Manager-Magazin« in die Ecke legen kann. Sie sollten Ihre Eltern aber auf die Kündigungsfristen aufmerksam machen. Nicht daß sie eine böse Überraschung erleben. Die könnte dann auf Sie zurückfallen. Am besten, das erledigen Sie selbst!

Geschenkt am:

Wem:

Anlaß:

Photoalbum

Hoher Rührseligkeitseffekt!

Bestimmt haben auch Sie zu Hause eine Menge Photos von sich, von Ihrer Familie und Ihren Freunden, von Urlauben, den Kindern, Wohnungen und Hunden hermufliegen. Und Sie fragen sich schon lange: Wohin damit? Für den Müll sind sie Ihnen dann doch zu schade (warum eigentlich?), aber in Ihrer Photosammlung wollen Sie sie auch nicht haben. Warum dann nicht einfach den Eltern damit eine Freude machen?

Entrümpeln Sie Ihre Schubladen!

Sie kaufen einfach ein billiges Photoalbum (am besten selbstklebend wegen der Zeitersparnis!) und kleben alle Photos von sich hinein, für die Sie sich schämen: Sie auf der Weihnachtsfeier des Betriebes, Sie auf dem letzten Familientreffen mit Tante Käthe, die ganze Familie vor dem Maschsee in Hannover, vor der Porta Nigra in Trier, auf dem Bad Kreuznacher Wurstfest und beim Familienausflug ins Phantasialand nach Brühl.

Wiederholungsstaffel möglich!

Ganz besonders gut kommen thematische Alben an: Wenn Sie das beherzigen, können Sie leicht aus Ihren ganzen Photos zweiter und dritter Wahl mehrere Geschenke gestalten, die sich Mutter und Vater gerne einmal abends zusammen anschauen werden. »Schau, und das ist der Chef von unserer Clara. Und das da, das war an Onkel Franzens 90. Geburtstag.« Mögliche Themenhefte: Urlaubsphotos, Jobs und Feiern, Kinderalben, alte Familienbilder. Vergessen Sie auf keinen Fall, die einzelnen Seiten zu beschriften. Rührselige Kommentare wie: »Hier kann der kleine Bernhard schon laufen« erhöhen den Geschenk-Genuß für Ihre Eltern!

Geschenkt am:

Wem:

Anlaß:

Das Porträtphoto

Daran bleibt der Blick sofort hängen. Sie prangen in jeder guten Stube, gut sichtbar für alle Nachbarn, Verwandten und fremden Besucher! Das ist der Stolz jeder Familie: die Galerie der Familienporträts. Von Omas und Opas, von Schwestern und Brüdern, von Urahnen und entfernten Verwandten. Da darf man auf keinen Fall fehlen!

gute Imagearbeit

Suchen Sie entweder ein Photo, das Sie sowieso loswerden wollten, oder lassen Sie einen Abzug von einem anderen Bild machen. Wichtig: Wählen Sie auf keinen Fall ein Bild aus, das Ihnen gefällt. Damit machen Sie Ihren Eltern sicher keine Freude. Orientieren Sie sich an den schon an der Wand hängenden Exemplaren: mit oder ohne Schlips, im kleinen Schwarzen oder ganz frech in Jeans oder Minirock.

hoher Rührseligkeitseffekt!

Stehen finanzielle Transaktionen in der Familie bevor, raten wir, zum Photografen zu gehen. Wegen des Stempels auf dem Photo. Das sehen Eltern. Wenn nicht, genügt der nächste Paßbildautomat um die Ecke allemal.

Wichtiges Bestandteil des Porträts ist der Rahmen. Hier können Sie schnell Boden gutmachen – wenn das Automatenbild zu scheußlich geworden ist. Gehen Sie auf den nächsten Flohmarkt und kaufen Sie Rahmen – am besten ein paar auf Vorrat! Ob vergoldet oder ganz in Eiche, rund, oval oder eckig: So ein alter Rahmen läßt Sie sicher gut aussehen an der Wand.

Und alle paar Jahre gibt es ein neues Bild. Von Opa hängen ja auch zwei an der Wand.

Wiederholungsstaffel möglich! Man kann sich so schnell verändern!

Geschenkt am:

Wem:

Anlaß:

Das grosse Essen

Generell als Wiederholungsstaffel geeignet!

Kaum etwas ist für Eltern an Festtagen wichtiger als Essen. Ein richtiger Geburtstag, der besteht aus einem ausführlichen Frühstück (spätestens um neun Uhr), einem noch ausführlicheren Mittagessen (zwölf Uhr), einem obligatorischen Kaffeeklatsch (um halb vier), um sich dann abends endlich einmal richtig satt zu essen (spätestens gegen halb acht). Warum sich da nicht einklinken?

Schenken Sie Ihren Eltern doch ein selbstgekochtes Essen oder einen Restaurantbesuch. Die zweite Variante ist eher zu empfehlen, sie kostet zwar Geld, macht dafür aber keine Mühe.

Gutes Timing verkürzt den Abend!

Was sollte man beachten – keine Angst, wir trauen Ihnen schon zu, einen Tisch allein zu reservieren (!) – um den Abend erträglich zu machen? Zunächst sollten Sie das Essen immer auf den Abend legen. Und auf keinen Fall vor halb neun beginnen! Lange werden die beiden dann bestimmt nicht mehr aushalten.

Essen als Bildungsprogramm

Suchen Sie ein möglichst exotisches Restaurant aus: polynesisch, koreanisch, vietnamesisch, kongolesisch, sambesisch, afghanisch und so weiter. Obwohl neugierig, werden Ihre Eltern skeptisch bleiben. »Ob die Toiletten da auch sauber sind? Und dann ist das alles doch so scharf bei denen!« Polyglotte Eltern mögen es doch lieber gutdeutsch. Was uns nicht kümmern darf!

Tun Sie ihnen auch mal was Gutes ...

Alternativ dazu können Sie Ihren Eltern auch einmal eine wirkliche Freude machen. Laden Sie sie ins nächstgelegene Hotel zum morgendlich Brunch ein. Vielleicht verschlafen Sie und stoßen erst etwas später dazu?

Geschenkt am:

Wem:

Anlaß:

SELBSTGEMACHTES

Warum um alles in der Welt sollte man Geschenke selber machen, wo Gekauftes einfach besser aussieht? Man bastelt sich die Finger wund, die Sachen bleiben häßlich und letztlich kauft man doch teuren Schnickschnack. Selbermachen hat viele Vorteile, deswegen! Schubladen und Schränke werden entmüllt und Sie bekommen das gute Gefühl, mit wenig Aufwand großen Erfolg zu erzielen.

Aber vor allem: Selbstgemachtes ist persönlich. Mutter und Vater glauben, daß Sie sich extra ihretwegen solche Mühe gemacht haben.

Viele Eltern – Mütter vergleichsweise mehr als Väter – sind versessen auf Geschenke mit persönlichem Anstrich. Selbstgemachtes steht hoch in der Elterngunst. Sei es, weil das selbstgemachte Geschenk signalisiert, daß der Sohn oder die Tochter mit dem Herzen zu Hause geblieben sind, auch wenn sie seit Jahrzehnten auf einem anderen Kontinent leben. Vielleicht begründet sich die Beliebtheit selbstgemachter Geschenke auch in der Erinnerung an die idyllische Kinderzeit, in der Elternherzen mit Klecks-Bildern und Knetfiguren erweicht wurden.

Der schlaue Carsten Clausewitz aus Castrop-Rauxel ist mit allen Wassern gewaschen. Er weiß genau, daß ein selbstgemachtes Geschenk sozusagen das Symbol ist für das gute und liebende Kind. Dementsprechend gut kommt es an. Das nutzt er aus, der Carsten! Als er noch nicht so schlau war, hat er seine Freizeit mit Laubsägearbeiten für Vater Clausewitz vergeudet. So viel Arbeit, stöhnte Carsten damals, das kann man doch niemandem zumuten.

Muß man auch nicht! Zum Glück gibt es selbstgemachte Geschenke, die wenig aufwendig sind. Sie sind elternerprobt und selbst für handwerkliche Dilettanten ohne Probleme nachahmbar.

Carsten bastelt eine schöne Wanduhr für seine Eltern. Sie ist der ganze Stolz von Vater und Mutter Clausewitz. »Da hat sich der Junge aber Mühe gegeben«, seufzt die Mutter. »Und sie geht auf die Minute genau!«, schiebt der Vater anerkennend hinterher. Alle Nachbarn durften die Uhr schon bewundern: »Das hat unser Carsten gemacht«, sagen dann die stolzen Eltern. Toll, Carsten! Wie du mit einem Einsatz von zehn Mark und einer halben Stunde Zeit die Herzen deiner Eltern verzaubert hast, das ist anerkennenswert.

Manchmal braucht man aus strategischen Gründen ein besonders persönliches Geschenk. Man hat sich daneben benommen, den Eltern große Scherereien gemacht oder ihre Geranien nicht ordentlich gegossen, als sie am Chiemsee waren. Wie dem auch sei, wir stimmen sie schnell versöhnlich mit etwas Selbstgemachtem. Basteln wir mit Photos!

Das ist eine ideale Gelegenheit zur Resteverwertung. Wir brauchen uns gar nicht die Mühe zu machen, um gute Bilder zu finden. Eltern merken den Unterschied zwischen einem besonders gräßlichen und einem wirklich hübschen Photo sowieso nicht. Das ist ein Erfahrungswert.

Nehmen Sie den Ausschuß an Photos. Sie auf dem Firmenfest in Anzug und Fliege, steif und störrisch. Sie auf dem Familienfest, angeschäkert und mit glasigem Blick. Erwecken Sie diese Photos zu neuem Leben oder gehen Sie zum nächsten Paßbildautomaten.

Video

Leihen Sie sich eine Videokamera (Camcorder) aus und nehmen Sie sich damit auf! Die Videokassette, die Sie Ihren Eltern dann schicken, ist ein außergewöhnliches Geschenk. Zum Beispiel zu Weihnachten, wenn Sie das schlechte Gewissen plagt, weil Sie die armen Alten nicht besuchen. Setzen Sie sich unter den Weihnachtsbaum (es kann ja der eines Nachbarn sein), lassen Sie im Hintergrund leise Weihnachtsmusik laufen und sprechen Sie rührselige Worte à la »Liebe Eltern! Leider kann ich heute nicht bei Euch sein ...«.

Kurzstaffel möglich

Ein selbstaufgenommenes Video ist ein tolles Geschenk für Eltern, weil sich immer wieder Gelegenheiten finden werden, wo Sie das nächste verschenken können. Und was gibt es nicht alles zu filmen! Beispiele:

Wohnungsvideo

Machen Sie langsam einen Rundgang durch Ihre Wohnung und filmen Sie jede Ecke, jeden Stuhl, jedes Bild! Gehen Sie durchs Treppenhaus, einmal ums Haus herum, die Straße entlang – und immer alles filmen, selbstverständlich!

Gute Image-arbeit: Im Film sieht jede Wohnung gut aus

Das Ständchen

Bestechen Sie die Nachbarskinder, damit sie ein Lied für Ihre Eltern singen! Aufwendiger und teurer, aber auch sehr eindrucksvoll, wenn Sie den örtlichen Gesangsverein oder Kirchenchor dazu bewegen, ein Ständchen zu singen.

Tierfilme

Richten Sie die Kamera minutenlang auf Ihr Haustier à la »Hänschen grüßt Euch auch!« Bei dem Haustier kann es sich auch um eine Schildkröte handeln, das ist egal. Allein die Geste zählt!

Besonders für Mütter

Heimvideos Special

Besonders als Wiederholungsstaffel geeignet! Gärten können sich im Laufe der Jahre ja unglaublich verändern!

Sie können natürlich auch nur das neue Auto filmen: von außen und innen und von oben und unten. Das Handschuhfach, den Kofferraum, führen Sie elektrische Fensterheber vor, schalten Sie das Radio an und wieder aus.

Filmen Sie Ihren Garten (ein Balkon geht zur Not auch, bietet aber weniger filmbares Material). Halten Sie die Kamera ausgiebig auf jede Blume und jeden Strauch. Vergessen Sie nicht, die meiste Zeit dabei für den Fischteich oder die Vogeltränke zu reservieren, immer mit der Ankündigung: »Es müßte eigentlich gleich mal einer auftauchen/angeflogen kommen! Warten wir noch ein bißchen!«

Geschenkt am:

Wem:

Anlaß:

Basteln mit Photos

Photokarten (Einladungs-, Dankes- etc.)

Kaufen Sie farbigen Karton, den Sie in kartengroße Stücke (DIN A 6) schneiden. Auf die eine Seite kommt ein Photo von Ihnen, die andere bleibt frei für Text und Anschrift! Und das war's auch schon!

Briefpapier mit Porträt

Wiederholungsstaffel

Am besten nehmen Sie ein kleines Photo (zirka doppelte Paßphotogröße). Das kleben Sie oben auf ein Blatt Papier, und dann ab zum Copyshop! Falls Sie sich mehr Mühe machen wollen: Nehmen Sie verschiedene Photos und kopieren Sie die jeweiligen Blätter fünf Mal. Mehr schreiben Ihre Eltern sowieso nicht! Falls doch, haben Sie bald wieder ein schönes Kreativ-Geschenk für sie.

Geschenkt am:

Wem:

Anlaß:

Tablett mit Antlitz

Kaufen Sie das billigste Holz- oder Plastiktablett, das Sie auftreiben können. Es kann auch eines sein, das bei Ihnen seit langem unbenutzt herumsteht. Zum Verschönern brauchen Sie nur einige Photos und Klebstoff. Und los geht's!

Gute Image-arbeit!

Kleben Sie die Photos auf die Innenfläche des Tabletts. Welche Photos Sie auswählen, ist Geschmacksache (je nach dem, was Sie so im Schrank finden). Bilder vom letzten Familienfest, aus dem Urlaub oder Photos von Ihrem Haustier. Wichtig: Überstreichen Sie die Photos auf keinen Fall mit Klarlack! Das ist der Trick bei der Sache. Klarlack macht die Schose nämlich haltbar, und genau das wollen wir vermeiden. Drei-, viermal kann Muttern das Tablett naß abwischen, dann lösen sich die Photos und sehen gammlig aus. Das ganze Tablett ist entstellt und gehört entsorgt. Wie gut! Dann wissen wir ja schon, was wir das nächste Mal schenken.

Clevere Wieder-holungs-staffel!

Geschenkt am:

Wem:

Anlaß:

Kalender

Besorgen Sie einen dieser unsäglichen Kalender zum Selbermachen! Die gibt es mittlerweile in verschiedenen Größen (nehmen Sie den kleinsten!) Für jeden Monat gibt es ein extra Kalenderblatt, für das Sie ein Photo brauchen. Das macht zwölf – mit dem Photo auf dem Vorsatzblatt sind es dreizehn Bilder, die Sie benötigen, und natürlich Kleber!

Ideales Photore-cycling!

Entmüllen Sie Ihre Photoalben!

Wie Sie die Photos anordnen, ist vollkommen gleichgültig. Machen Sie sich nicht die Mühe, ein Photo für Januar zu finden, auf dem Schnee zu sehen ist, oder eines für Juni, das Sonne, Sand und Meer zeigt. Ist alles überflüssig! Nur auf eins sollten Sie achten: Das schönste Photo kleben Sie zu Ihrem Geburtstagsmonat. Ein Photo am besten aus glücklichen Familientagen: Sie, Vater und Mutter in trauter Runde. Man weiß nie, ob die Erinnerung an schöne Stunden Herz und vor allem Portemonnaie vielleicht nicht weit öffnen kann. Tip: Bei Sparkassen und Apotheken gibt es immer kostenlose Kalender. Bilder ausschneiden, neu einkleben und fertig ist das Geschenk.

Geschenkt am:
Wem:
Anlaß:

PHOTOS AUF STOFF

Wiederholungsstaffel

Kaufen Sie ein einfaches weißes T-Shirt, in das Ihr Vater oder Ihre Mutter hineinpassen, nehmen Sie ein buntes Photo und begeben sich in einen Photoladen oder einen Copyshop. Dort wird das Photo auf den Stoff gebannt. Das ist nicht teuer und funktioniert auch mit anderen Textilien, zum Beispiel mit Kissenbezügen.

Sie müssen kein Photo von sich nehmen! Nehmen Sie eines Ihres Haustieres, Kindes, vom letzten Urlaub oder von Ihren Eltern selbst!

Geschenkt am:
Wem:
Anlaß:

Kochbuch

Gestalten Sie ein eigenes Kochbuch! Man nehme:

- eine Kladde,
- zirka 35 Rezepte,
- ein Bild mit Lebensmitteln.

Macht ziemlich was her!

Die Kladde – ein Buch oder Heft in DIN A 5 (gibt es in der Papierabteilung der Kaufhäuser oder in Läden mit Büromaterial) – sollte am besten Blanco-Seiten haben, das wirkt edler. Achten Sie auf dickes Papier, denn je dicker das Papier, desto weniger Seiten, desto weniger Rezepte passen hinein.

Wie kommen Sie an die Rezepte? Entweder leihen Sie sich von Freunden oder Kollegen (oder aus der Stadtbücherei) ein Kochbuch aus oder Sie kaufen eine Rezeptzeitschrift, die es an den Kassen der Supermärkte gibt.

Schnell gemacht!

Bei der Auswahl der Rezepte beschränken Sie sich am besten auf ein einziges Thema, wie zum Beispiel:

Gute Staffel!

- Rezepte für Diabetiker,
- Kochen für Singles,
- Weihnachtsplätzchen,
- Pralinen,
- Salate,
- Gerichte mit Käse.

Dadurch können Sie immer aufs Neue selbstgemachte Kochbücher verschenken!

Schreiben Sie auf die erste Seite der Kladde den Titel (»Heidis Kochbuch«, »Salate für Väter« oder »Die fünfunddreißig leckersten Eintöpfe mit grünen Bohnen«). Kleben Sie ein Bild mit Lebensmitteln dazu. Die nächsten drei Seiten bleiben erst mal frei. Hier wird zum Schluß das Inhaltsverzeichnis nachgetragen.

Große Themenvielfalt!

So, und jetzt beginnt die Arbeit: Rezepte abschreiben! Machen Sie genügend Absätze und breite Einrückungen und schreiben Sie großzügig. Lassen Sie links und rechts, oben und unten viel Platz. Es geht nicht darum, möglichst viele Rezepte auf möglichst wenig Platz zu bekommen. Im Gegenteil. Beginnen Sie jedes Rezept auf einer neuen Seite und numerieren Sie die Seiten.

Zum Schluß kommt das Inhaltsverzeichnis: Schreiben Sie auf die freigelassenen drei Seiten nach der Titelseite alle Rezepte samt Seitenzahlen.

Das selbstgemachte Kochbuch ist ein Geschenk, dessen Herstellung ein wenig Zeit braucht. Am besten schreiben Sie beim Fernsehen die Rezepte ab oder noch besser, Sie zwingen jemand anderen dazu.

Geschenkt am:

Wem:

Anlaß:

Eingelegte Knoblauchzehen

DIE KLASSISCHE VARIANTE

Besonders dekorativ sind südländische Spezialitäten oder alles, was danach aussieht. Zum Beispiel eingelegte Knoblauchzehen. Schälen Sie dazu einige Knoblauchzehen und werfen sie in ein Einmachglas mit Klammer. Dazu kommen:

- ein Rosmarinzweig,
- eine kleine rote Peperoni,
- Öl.

Fertig ist das individuelle Geschenk!

Auf die gleiche Weise kann man (Silber-)Zwiebeln einlegen oder Essig und Öl verschenken.

DIE SCHNELLE VARIANTE

Anstatt die Knoblauchzehen selbst zu schälen, kaufen Sie ein Glas geschälter Zehen. Gibt es fast überall. Die kippen Sie nun in ein eigenes Gefäß um und tun die gleichen anderen Zutaten dazu, wie oben aufgeführt.

Auch als Kurzstaffel geeignet!

DIE SCHNELLSTE VARIANTE

Kaufen Sie ein Glas eingelegte Knoblauchzehen, Essig oder Öl mit Deko im italienischen Feinkostladen. Kippen Sie nun das Ganze in ein leeres Glas um! Überlegen Sie, was Sie über das Geschenk erzählen: Wie lange haben Sie die Zehen eingelegt, welches Öl haben Sie dazu benutzt und so weiter!

Geschenkt am:

Wem:

Anlaß:

PINNWAND

Aus einem Rest Dämmplatte und einem Stück Korktapete bastelt man ohne großen Aufwand eine Pinnwand. Die Materialien kosten nicht viel, eventuell kann man sie sogar umsonst bekommen. Schauen Sie doch mal in die großen Müllcontainer der Baumärkte.

Staffelgeschenk geeignet!

Wie wird es gemacht?

Der Kork wird auf die Dämmplatte (es kann auch Styropor sein) geklebt – fertig! Wenn Sie sich Mühe machen wollen – aus welchem Grund auch immer –, kann das Ganze noch in eine besondere Form gesägt werden. Wie wäre es zum Beispiel, die Platte für Mutter in Herzform zu sägen? Das macht zwar Arbeit, dafür ist der Effekt um so größer. Mit ein paar bunten Reißzwecken ist das Geschenk fertig.

So wird's gemacht!

Ideal für Vergeß-liche!

Sie können Ihren Eltern viele Pinnwände schenken: für die Werkstatt, die Garage, die Küche, das Näh- und Bügelzimmer, für das Wochenendhaus.

Dämmplatten haben den Vorteil, leicht an den Kanten zu bröseln. Also bloß nicht mit einem Klebestreifen stabilisieren! Denn je schneller die Pinnwand kaputt ist, desto eher können Sie eine neue schenken!

Geschenkt am:

Wem:

Anlaß:

Wanduhren

Hervor-ragende Image-arbeit!

Eine selbstgebastelte Uhr – was für ein originelles Geschenk, nicht wahr? Und viel schneller und einfacher hergestellt, als es aussieht. Ein richtiges Blender-Geschenk also! Dazu brauchen Sie:

- ein Photo oder eine Schallplatte, die Sie nicht mehr wollen (oder die Ihre Eltern nicht vermissen werden, das geht auch!),
- ein Uhrlaufwerk (das bekommen Sie für wenig Geld in jedem Hobbybedarf- oder Elektro-Fachhandel; dabei handelt es sich um ein Uhrwerk mit Batteriebetrieb und zwei Zeigern),
- Kleber und Textilklebeband.

So wird's gemacht!

Damit das Foto stabil genug ist und das Uhrwerk tragen kann, muß man zuerst Pappe zur Verstärkung drunter kleben. Dann schneidet man in die Mitte des Bildes ein Loch, steckt das Uhrwerk durch das Loch und klebt es fest. Nun wird die Hohlschraube, die dem Uhrwerk beiliegt, durch das Loch geschoben, so daß sie auf der Vorderseite des Bildes heraussteht. Hier werden die Zeiger aufgesteckt. Und das war schon alles. Fertig ist das Unikat!

Geschenkt am:

Wem:

Anlaß:

Basteln mit Pflanzen

TROCKENBLUMEN

Wohnen Sie in der Nähe eines Parks oder am Waldrand? Dann verschenken Sie doch einen Trockenblumenstrauß! Dazu pflücken Sie einfach alle wilden Gräser und Blumen, die Sie finden können. Binden Sie die Stengel zusammen und hängen den Strauß zum Trocknen kopfüber an eine Leine. Von Zeit zu Zeit muß das Band nachgezogen werden, da die Stengel beim Trocknen schrumpfen und sonst rausfallen. Sind die Gräser vollkommen getrocknet, stecken Sie sie in ein Einmachglas. Fertig ist das Kreativ-Geschenk.

Mehr was für Mütter!

TOPFBLUME

Verschenken Sie einen Ableger Ihrer Pflanzen! Bei irgendeiner Pflanze werden Ihre Eltern beim letzten Besuch schon etwas gesagt haben in der Art: »Die ist aber schön!« Dazu schneidet man einfach einen Sproß einer Grünpflanze ab und stellt ihn so lange in Wasser, bis er Wurzeln zieht. Dann einpflanzen (dazu brauchen Sie Blumenerde und einen kleinen Tontopf). Für wenige Groschen kann man im Blumenladen eine geriffelte Papiermanschette kaufen, die man um den Tontopf stülpt. Dadurch sieht das Ganze mehr wie ein Geschenk aus. Oder wickeln Sie einfach Alufolie um den Topf. Wirkt edel! Vergessen Sie nicht darauf hinzuweisen, wie sehr Ihnen die Pflanze am Herzen liegt, von der Sie einen Ableger gemacht haben.

Sollten Sie in Parks oder Vorgärten pflücken, achten Sie auf die Reaktionen Ihrer Mitmenschen!

Geschenkt am:

Wem:

Anlaß:

AUF DIE SCHNELLE

Wenn wir schon ständig Geld für Geschenke ausgeben müssen, dann soll das Besorgen wenigstens schnell gehen (das ist wohl nicht zuviel verlangt). Diese Bedingung erfüllen Themengeschenke: Man geht in ein Geschäft und kauft dort alles, was in Greifweite steht. Das ist einfach und dauert nicht lange. Gehen Sie zum Beispiel um die Ecke in den Teeladen und kaufen Sie verschiedene Teesorten, Kandiszucker, ein Stövchen, Teegebäck, Teegeschirr und ein Buch über die japanische Teezeremonie. Das einzig Schwierige daran ist die Geschichte, die man dazu erfinden sollte – warum man seiner Mutter die vielen schönen Dinge schenkt, wo sie doch Tee nicht ausstehen kann (zugegeben, dazu gehört Phantasie).

Clara Christiansen aus Coswig geht in den erstbesten Laden, ein Glasereifachgeschäft. Und da steht sie nun und weiß nicht weiter. Sie kennt nämlich die Maße der Fenster in der Wohnung von Mutter und Vater Christiansen nicht auswendig. Und grob geschätzt? Lieber nicht, denkt Clara, neue Fenster müssen schon genau passen, sonst zieht es ständig und man hat nur Ärger und Halsschmerzen. Also geht sie unverrichteter Dinge wieder hinaus. Einmal muß es klappen, denkt sie, und geht in den Laden auf der anderen Straßenseite. Und dieses Mal hat Clara mehr Glück! Es ist ein Tierfuttergeschäft. Dort kauft sie zwei Pfund Rindergurgel, eine Handvoll getrocknete Schweineohren, einen Eimer Pansen und ein großes Stück Euter. Zuhause verpackte sie alles liebevoll – und dann ab ins Paket nach Buenos Aires, zum Altersruhesitz der Christiansens! Hoffentlich ist es rechtzeitig am Heiligabend dort.

Geschenke auf die Schnelle sind sehr beliebt bei jung und alt. Und wenn man zum Beispiel ein Los verschenkt, das den Hauptgewinn erhält, dann sind sie gleich noch beliebter.

Talisman

KRIMSKRAMS

Das beste Geschenk auf die Schnelle ist ein Talisman. Eigentlich ist es sogar das beste Geschenk überhaupt. Denn ein Talisman kann alles sein. Alles! Selbst wenn Ihre Eltern schon mit einem Kuchenpaket vor Ihrer Wohnungstür stehen und klingeln, können Sie immer noch mit Leichtigkeit einen Talisman auftreiben. Es eignet sich einfach alles.

Entmüllen Sie Ihre Schubladen!

Natürlich wirkt so ein Talisman-Geschenk gleich ganz anders, wenn man eine schöne Geschichte dazu erzählt: Was er bewirken kann und woher man ihn hat (aber nicht die Wahrheit sagen wie zum Beispiel: »Im Hundekorb bei unseren Nachbarn gefunden«!).

Richtige Präsentation ist alles!

Ein Talisman kann eine Glasperle sein oder eine Murmel, aber durchaus auch ein Stück Baumrinde. Das ist das Gute daran. Vielleicht gibt es in Ihrer Nachbarschaft auch ab und zu einen Kinderflohmarkt, das ist eine wahre Fundgrube für Talismane! Aber Vorsicht!

Die auf einer Decke sitzenden Kinder sehen zunächst ganz harmlos aus. Aber dann versuchen sie, einem billige Armbänder, getupfte Plastikbälle ohne Luft und abgebrochene Teile von Barbiepuppen anzudrehen. Eigentlich sollte man sich nicht darauf einlassen und das gesetzlose Treiben unterstützen, aber auf Talisman-Suche muß man eine Ausnahme machen. Es rentiert sich allemal!

Vorsicht auf Kinderbasaren! Feilschen Sie um jeden Pfennig – es lohnt sich!

STEIN

Es ist unheimlich modern geworden, einen Stein zu besitzen. Oder auch mehrere. Grundsätzlich eignet sich jeder Stein als Talisman. Aber manche Steine eignen sich besser, weil sie etwas können. Je nachdem, was für ein Stein das ist, wird man zum Beispiel glücklich und bleibt es auch für den Rest seines Lebens (das ist doch was). Oder man kann von nun an immer gut schlafen. Oder man wird nie wieder von Hunden angeknurrt, die aussehen wie Hausschweine. Oder nie wieder von Politessen belästigt.

Sie sollen das ja nur Ihren Eltern erzählen, nicht selbst glauben!

Das liegt an den Schwingungen (neudeutsch: Vibrations), die in dem Stein drin sind. Die sieht man nicht, aber das macht nichts. Da sind sie trotzdem. Bestimmt! Welcher Stein was kann, wissen die Frauen in den Steinläden und auf den Märkten. Die sind meistens sehr nett, man kann sie ruhig fragen!

Zum Beispiel: »Ich suche einen Stein für meine Mutter, damit sie sonntags nicht mehr vor zehn Uhr morgens anruft« oder auch »Entschuldigung, haben Sie wohl einen Stein für meinen Vater? Damit er sich einen neuen Photoapparat kauft? Ich würde gerne seinen haben, aber den bekomme ich erst, wenn er einen neuen hat. Ob mir da vielleicht ein Rosenquarz helfen könnte?«

Jeder Stein kanns sein!

So kann man selbst einen bescheidenen Kiesel zum Talisman adeln, der sonst zu nichts weiter geeignet ist, als im Schuh zu drücken.

Geschenkt am:

Wem:

Anlaß:

Themengeschenke

LEBENSMITTELLADEN EINFACH

Machen Sie schnell Bonuspunkte!

Gehen Sie in einen Lebensmittelladen und werfen Sie wahllos Dinge in den Einkaufswagen: Kirschmarmelade, Ananas in Dosen, ein Ring Fleischwurst, eine Flasche Kräuterlikör, drei Tafeln Mokkaschokolade, ein Topf Gänseschmalz, eine Fischkonserve und zwei Tüten Käsecrackers. Zum Beispiel. Dann brauchen Sie nur noch einen Korb (ein Tablett oder eine große Schale tun es auch, aber auf keinen Fall eine Tüte!), und schon können

Sie den Eltern einen selbstgemachten Präsentkorb schenken.

LEBENSMITTELLADEN EXQUISIT

Wenn Sie nicht wahllos vorgehen wollen, stellen Sie die Auswahl thematisch zusammen. Zum Beispiel Italien. Dann kaufen Sie so viele Sorten Nudeln, wie es im Lebensmittelladen gibt (Spaghetti, Penne, Lasagne, Canelloni, Tortellini), italienischen Weißwein, italienischen Rotwein, Parmesan, Mozzarella, Tomaten, frischer Basilikum, Parmaschinken, Tomatenmark, Gnocci, Ciabatta-Brot, italienisches Olivenöl, Balsamico-Essig usw.

Auch als Staffel geeignet!

DROGERIEMARKT

Schenken Sie Ihrer Mutter ein »Beautycase«! Das geht schnell. Sie gehen einmal durch den Drogeriemarkt und greifen ab und zu zur Seite. Zum Beispiel nach: Lippenstift und Nagellack (Ton in Ton), Schaumbad, Schwamm, Körpermilch, Handtuch, Waschlappen, Rubbelbürste, viele kleine bunte Seifen. Suchen Sie für Ihre Mutter süßliche Dinge aus: alles in Pastellfarben und nach Blumen duftend.

Für Mütter sehr geeignet!

Haben Sie einen eitlen Vater (»Je oller, desto ...«), können Sie ihm das gleiche schenken, nur eben auf Männer zugeschnitten: Handtuch, Waschlappen, Rasierschaum, Badeschaum, Naßrasierer, Rasierklingen, After Shave, Seife, Seifendose. Für Väter sollten die Dinge herb sein: in Schlammfarben oder Brauntönen und nach Kiefern oder Tabak riechend.

Die männliche Variante!

ASIEN-LADEN

Einmal durch die Gänge im China-Laden gehuscht, und schon ist der Präsentkorb gefüllt mit Duftreis, Sojasauce, Lycees in Dosen, Tee, Schälchen, Stäbchen, Glasnudeln, Reisschnaps, Pflaumenwein und chinesischen getrockne-

Bilden Sie Ihre Eltern!

ten Pilzen. Das dauert keine Viertelstunde und schon haben Ihre Eltern einen Hauch von Morgenland in der guten Stube.

APOTHEKE/REFORMHAUS
In Apotheken und Reformhäusern gibt es ebenfalls eine ganze Reihe präsentkorbgeeigneter Dinge: getrocknete Lindenblüten und Kamillenblüten für Tees, verschiedene Kräuter, hautfreundliches Pflaster, Massageöle, Handcremes, Halspastillen und Badezusätze zum Beruhigen, Entspannen oder Anregen.

Weitere Einkaufsmöglichkeiten für »Auf die Schnelle«-Präsentkörbe sind Teeläden, Kaffeeläden, Kräuterläden und Schreibwarenläden.

Geschenkt am:

Wem:

Anlaß:

Bahn-Ticket

Ganz auf die Schnelle!

Machen Sie sich ein freies Wochenende

Überraschen Sie Ihre Kinder

Besorgen Sie am Bahnhof oder im Reisebüro ein »Schönes Wochenende«-Ticket von der Deutschen Bahn. Pro Ticket kostet es zur Zeit fünfunddreißig Mark. Damit können Ihre Eltern an einem Wochenende ihrer Wahl so lange hin- und herfahren, wie sie möchten, wohin sie wollen und so weit sie kommen. Allerdings nur mit langsamen Zügen auf Nebenstrecken, aber da ältere Leute sowieso nicht wissen, wohin mit der vielen freien Zeit, ist das doch eine hübsche Idee.

Das Geschenk empfiehlt sich, wenn die Eltern im gleichen Ort wohnen, wie man selbst. Da weiß man wenigstens, an welchem Wochenende man nicht mit ihrem Besuch rechnen muß, sondern es sich unbefangen, ungewaschen und unrasiert in den eigenen vier Wänden gemütlich machen kann.

Zudem können mit dem Ticket Kinder kostenlos mitfahren. Also geschickt die Kinder den Großeltern untergejubelt, und das Wochenende wird noch schöner!

Achtung!

Falls Sie in einem anderen Ort wohnen als Ihre Eltern, steht zu befürchten, daß sie das Ticket gemeinerweise benutzen, um Sie mal wieder zu besuchen und sich bei Ihnen einzuquartieren. Schenken Sie lieber etwas anderes!

Geschenkt am:

Wem:

Anlaß:

LOSE

Fast ein Klassiker

Lose gibt es an Losbuden und in fast jedem Zeitungsladen. Sie sind ein tolles Geschenk – aber nur vielleicht! Man kann damit zum Millionär werden oder zum Haus- oder Autobesitzer. Leider nur, wenn man gewinnt. (Aber eine Hürde mußte wohl eingebaut werden, sonst hätten sich die Lotteriegesellschaften gar nicht mehr retten können vor lauter Andrang.)

Sie können Ihren Eltern Rubbellose schenken, Lose für die Glücksspirale oder einen ausgefüllten Lottoschein (aber nur Glückszahlen nehmen!).

Geschenk als Investition

Das Gute daran – außer, daß das Besorgen mordsmäßig schnell geht: Sollten Ihre Eltern gewinnen, werden Sie der oder die Erste sein, die davon profitiert! Das ist doch wohl klar. Diese Investition kann sich rechnen.

Geschenkt am:

Wem:

Anlaß:

STAFFELGESCHENKE UND SAMMLUNGEN

Staffelgeschenke und Sammlungen schonen Ihre Nerven und befreien Sie auf Jahre vom Schenk-Streß! Sie brauchen dazu nur eine ausbaufähige Grundidee zu finden und schenken dann jedesmal etwas thematisch Passendes dazu. Das ist doch einfach, oder?

Das findet auch Cord Christoffersen aus Crailsheim. Er beschließt, daß sein Vater von nun an Sammler holzgeschnitzter Märchenfiguren werden sollte. Da es so viele Märchenfiguren gibt, denkt Cord, hat er für die nächsten Jahre genügend Geschenkideen. Das ist wahr. Und wenn man es so klug anstellt wie Cord, dann ist es doppelt wahr. Er ist nämlich viel zu schlau, um einfach nur Hänsel und Gretel oder das Rotkäppchen (aus Holz, versteht sich) zu schenken. Nein! Zum nächsten Geburtstag des Vaters schenkte er einen Zwerg. Bei den nächsten sechs Geschenkanlässen würde Vater Christoffersen ebenfalls einen Zwerg erhalten, und dann erst das Schneewittchen. Alles schön gestaffelt (bei Ali Baba und den vierzig Räubern ginge es theoretisch genau so). Damit hat Cord eine Staffel kreiert, die bis ans Ende des Lebens reicht. Eine Meisterleistung, Cord, wir hätten es nicht besser gekonnt!

Carola Campe aus Charlottenburg, eine weitläufige Bekannte von Cord, zeigt, was sie von ihm gelernt hat. Mutter Campe hat unvorsichtigerweise erwähnt, daß sie früher gerne gemalt hat. Damit haben sich Carolas »Was schenke ich bloß meiner Mutter?«-Sorgen für Jahre erledigt. Mutter Campe bekommt eine Staffelei, von Farben, Pinseln, Pigmenten und Leinwänden gar nicht zu sprechen. Sie wird mit Zeichenbüchern und Abonnements für Kunstzeitschriften beglückt und natürlich mit Zeichenkursen an der Volkshochschule. Wir haben Carola gefragt, wie sie auf die Idee gekommen ist. Hier ist ihr Tip: »Auch mal hinhören, wenn die Eltern was erzählen!« Wie wir später erfuhren, rächte sich Carola mit den Geschenken an ihrer Familie. Sie drehte einfach den Spieß um! Jahrelang – zu

Geburtstagen, Weihnachten und zur Konfirmation – wurde sie von Eltern und Patentanten mit Besteckteilen und anderem Aussteuerkram gequält. Und welches junge Mädchen freut sich schon über zusammenpassende Tischläufer und Platzdeckchen? Nur wenige, vermuten wir. Carola jedenfalls nicht, soviel steht fest.

Bei einer Wiederholungsstaffel schenken Sie konsequent jedes Jahr das gleiche. Egal, ob Kalender, Abo für eine Zeitschrift oder Restaurantbesuch: Jahr für Jahr gibt es das gleiche Geschenk. Schluß, aus! (Wer das nicht möchte, bekommt eben gar nichts.) Das sture Festhalten an ein und derselben Idee wird Ihnen auf Dauer hoch angerechnet werden. Allerdings müssen Sie sich beim Starten einer Wiederholungsstaffel überzeugende Argumente zurechtlegen. Faseln Sie von »Familientradition« und von »Ritualen und Sinnsuche, gerade in der heutigen Zeit«. Die ersten zwei bis drei Jahre müssen Sie einen gewissen Stoizismus entwickeln. Aber wenn diese Klippe umschifft ist, gehört dieses Geschenk zu Ihnen. Ihre Mutter erwartet zu ihrem Geburtstag dann eine Einladung ins Fischrestaurant und rechnet fest damit. Enttäuschen Sie sie nicht!

Eltern zu Sammlern zu erziehen, ist überhaupt das Beste! Manche Menschen werden freiwillig Sammler, also kann es so schlimm nicht sein. Ob Porzellangiraffen, Schreckschußpistolen oder Nähnadeln – für alles und jedes findet sich ein Liebhaber. Überlegen Sie, bevor Sie sich festlegen, womit Ihnen am meisten gedient wäre. Wenn Sie zum Beispiel Gläser brauchen, werden Mutter und Vater Gläsersammler. Denn um Platz für die neuen schönen Dinge zu haben, müssen sie das Bar-Fach in der Schrankwand ausräumen. Und wohin damit? Genau – zu Ihnen damit! Falls die Sachen zu häßlich sind, um in Ihrer Wohnung stehen zu dürfen, haben Sie zumindest schon was zum Tauschen für die Geschenke-Börse!

Kurzstaffeln

BÜCHER

Mutter und Vater fühlen sich intellektuell!

Bücher eignen sich sehr gut als Geschenke einer Kurzstaffel. Achten Sie auf mehrbändige Romane wie zum Beispiel (ganz klassisch) Marcels Prousts »Auf der Suche nach der verlorenen Zeit« (in der Schmuckausgabe bei Suhrkamp immerhin zehn Bände), den Zyklus der »Rougon Macquart« von Emile Zola (zwanzig Bände) oder die Erzählungen und Romane aus dem Umfeld von »Die menschliche Komödie« von Honoré de Balzac (über vierzig Bände). Überlegen Sie bei der Auswahl nicht, welche Bücher Ihre Eltern gerne lesen würden. Überlegen Sie viel mehr: Welche hätten sie gerne im Regal stehen?

Geschenke, die Ihren Kindern nützen!

Eine weitere schöne Möglichkeit für eine Bücherstaffel sind Märchenbände. Selbst wenn Ihre Eltern schon die Grimmschen, Andersenschen und Hauffschen Märchen besitzen, bleiben noch genügend Bücher für die nächsten Geschenkanlässe übrig. Es gibt Märchen aus aller Welt: arabische, indische, isländische, chinesische, norwegische Märchensammlungen. Und dankenswerterweise unterstützen einige Verlage unsere Idee durch solche Märchen-Reihen!

Mit Phantasie eine Bücherstaffel aufbauen!

Oder eröffnen Sie eine Bücherstaffel der Biographien deutschen Bundespräsidenten (immerhin bislang sechs), besser noch (weil mehr) der deutschen Bundeskanzler. Oder der Päpste. Oder aller europäischer Königshäuser, auch das würde eine hübsche Staffel geben, wo der Beschenkte bald förmlich um Vollständigkeit bettelt.

Wenn Ihre Eltern Hunde-, Vogel- oder Katzenfreunde sind, schenken Sie ihnen ein Buch pro Rasse.

LICHTERKETTEN

Lichterketten haben im Laufe der letzten Jahrzehnte Wachskerzen an deutschen Weihnachtsbäumen verdrängt

(»Das ist ja so gefährlich! Und diese Schweinerei mit dem ganzen Wachs. Das tropft ja hin, wo es will.«). Das ist tragisch.

Ein wirklich erhellendes Geschenk

Dafür aber hat uns die Lichterkette viel Freude als Zimmerschmuck beschert. Mittlerweile gibt es sie nämlich nicht nur in der einfachen Form (dunkelgrünes Kabelgewirr mit einzelnen kleinen Kerzenlämpchen), sondern mit den verschiedensten Aufsätzen. Heutzutage schlingt man sie auch nicht nur um die Tanne, sondern schmückt damit zu ganz und gar unweihnachtlichen Zeiten sein Heim.

Diese Entwicklung machen wir uns zunutze: Schenken Sie Ihren Eltern Lichterketten: für jedes Zimmer und jede Gelegenheit eine andere!

- Südfrüchte für die Küche,
- Delphine fürs Bad,
- Zwerge oder Karotten für die Gartenlaube,
- Ernie und Bert im Flur.

Und rund um die Sitzlandschaft könnte die hübschen Ampelmännchen hängen, die es früher in der DDR gab. Als Lichterkette, versteht sich. Zu Weihnachten gibt es die Lichterkette mit den Nikoläusen, zu Ostern die mit den Hasen oder Küken und zum Geburtstag eine mit kleinen Torten. Da werden sich die beiden aber freuen.

Geschenkt am:

Wem:

Anlaß:

UNENDLICHE STAFFELN

GESCHENKE ZUR URLAUBSVORBEREITUNG

Machen Sie sich unentbehrlich!

Bereiten Sie mit Ihren Geschenken den Urlaub Ihrer Eltern vor oder nach! Wenn sie meistens ein anderes Urlaubsziel wählen, ist das denkbar einfach. Bei allen Schenkanlässen, die vor ihrem Urlaub liegen, schenken Sie Infos über das Land und den Ort. Die meisten Länder, Regionen und Städte unterhalten ein Informationszentrum (Fremdenverkehrsamt oder -büro). Hier bekommen Sie viele Informationen (Broschüren, Stadtpläne) kostenlos.

Durch das Internet geht es noch schneller: Geben Sie den Orts- oder Landesnamen in eine Suchmaschine ein und laden Sie die interessanten Informationen herunter.

BÜCHER, STADT- UND LANDKARTEN

Ein ideales Geschenk für unendliche Staffeln sind Reiseführer. Sie veralten schnell, deshalb kann man sie alle paar Jahre wieder neu verschenken. So können Sie Ihren Eltern Reiseführer selbst dann schenken, wenn sie den Urlaubsort selten oder nie wechseln!

Tip: Reiseführer gibt es – eben weil sie so schnell veralten – oft auf dem Ramschtisch für wenig Geld.

Exzellente Möglichkeit zur Profilbildung!

Schenken Sie den Eltern ein Wörterbuch mit gebräuchlichen Redewendungen und eine Straßen- oder Wanderkarte der Region, »damit ihr auch wohlbehalten zurückkommt und euch nichts passiert!«

Ein Geschenk auf die Schnelle: Tauschen Sie bei der Bank Geld in der Landeswährung des Urlaubslandes ein. Aber nicht zuviel!

GESCHENKE ZUR URLAUBSNACHBEREITUNG

BÜCHER, DIASERIE, VIDEOFILM

Gut geeignet sind Bildbände, regionale Kochbücher oder auch ein Roman, der im Urlaubsland spielt – zur Erinnerung, Auffrischung und Nachbereitung sozusagen. Auch weitere Medien – Diaserie oder ein Videofilm – sind leicht zu besorgende Geschenke. Es existiert eine große Auswahl davon; ein Blick in das »Verzeichnis Lieferbarer Bücher« ermöglicht eine schnelle Übersicht. Schauen Sie ins Internet unter der Adresse www.buchhandel.de. Geben Sie das Land als Schlagwort ein und Sie bekommen die Liste aller zum Thema lieferbaren Bücher.

KULINARISCHES

In der Lebensmittelabteilung von Kaufhäusern oder in Feinkostgeschäften finden Sie aus jedem Reiseland kulinarische Besonderheiten (Sherry aus Spanien, Pralinés aus Belgien etc.).

Laden Sie sich zum Verköstigen ein

DIE NOBELPREISTRÄGER-STAFFEL

Geben Ihre Eltern sich einen intellektuellen Anstrich? Dann freuen sie sich bestimmt, wenn sie Jahr für Jahr einen Roman des aktuellen Nobelpreisträgers für Literatur bekommen. Da der Preis jedes Jahr neu vergeben wird und ihn kein Autor ein zweites Mal erhält, müssen Sie sich auch nicht merken, von welchem Autor Sie welches Buch nun schon geschenkt haben. Wenn das nicht praktisch ist!

Geben Sie sich einen intellektuellen Touch!

Geschenkt am:

Wem:

Anlaß:

WIEDERHOLUNGSSTAFFELN

FAMILIENESSEN

Konstanz schafft Tradition!

Laden Sie Ihre Eltern zu deren Geburtstag (oder zu Ostern, zu Weihnachten) zum großen Familienessen ein! Das kann entweder eine Einladung ins Restaurant sein, Sie können natürlich auch selbst kochen. Im Restaurant wird es teurer, zu Hause haben Sie mehr Streß. Je nachdem, wie es um Ihre Zeit- oder Geldreserven steht, entscheiden Sie sich. Legen Sie sich fest und wiederholen Sie dann Jahr für Jahr das gleiche.

Profilieren Sie sich als Familienmensch!

Entweder gehen Sie mit den Eltern jedes Jahr ins gleiche Restaurant oder Sie kochen jedes Jahr das gleiche. Auch sonst sollte soviel wie möglich gleich sein: der Tag des Essens, die Uhrzeit, die Gäste sowieso, das Essen und die Getränke natürlich. Initiieren Sie noch ein kleines Ritual zur Wiedererkennung, zum Beispiel gibt es nach dem Essen ein Tischfeuerwerk, oder zwischen Vorspeise und Hauptgericht photographiert man sich gegenseitig, oder als Aperitif gibt es für alle einen Scotch auf Eis.

AUSFLÜGE

Schenken Sie jedes Jahr einen Ausflug – und zwar immer an das gleiche Ziel. Das kann ein See oder eine Burg in der Nähe sein, ein Landgasthof, oder wenn das Meer nicht zu weit entfernt ist für eine Spritztour, dann das. Vielleicht kommt ein Besuch im Tierpark in Frage, oder eine Bootsfahrt. Es könnte ein Picknick sein oder ein Abend in einem nahegelegenden Bowlingcenter.

Je nachdem, was Sie ertragen können und zu opfern bereit sind. Auch hier darauf achten: Die Wiederholung ist der Clou. Entscheiden Sie sich für ein Ausflugsziel, und das ist es dann für die nächsten Jahre. Schließlich sind Sie kein Entertainer, der den Eltern den langweiligen Lebensabend aufpeppt, oder?

KALENDER

Ein Geschenk, das sich wunderbar als Wiederholungsstaffel anbietet, sind Kalender. Verschenken Sie einen großen Kalender mit Bildern zum Aufhängen, kleine Taschenkalender, einen Tischkalender für den Schreibtisch, einen Abreißkalender fürs Bad mit lustigen Sprüchen, einen Wandkalender mit Rezepten für die Küche.

Machen Sie Image-arbeit!

Das Gute an Kalendern: Sie halten nur ein Jahr. Werden Sie der Kalenderschenker der Familie, und Ihre Sorgen haben sich für immer erledigt!

VERANSTALTUNGEN

Schenken Sie Jahr für Jahr Eintrittskarten für die gleiche Veranstaltung! Erkundigen Sie sich, welche Veranstaltung jedes Jahr in der Nähe des Wohnortes Ihrer Eltern stattfindet: eine bestimmte Sportveranstaltung (Tennisturnier, Leichtathletikmeeting, Springreiten etc.), eine Modenshow, ein Tanzturnier, ein bestimmtes Konzert, vielleicht auch ein Messebesuch (der ist für viele Eltern der Jahreshöhepunkt). Und dann laden Sie Ihre Eltern jedes Jahr zur gleichen Veranstaltung ein. Jahr für Jahr für Jahr für ...!

Geschenkt am:

Wem:

Anlaß:

SAMMLUNGEN

TIERFORMEN

Es gibt nichts, was sich nicht sammeln ließe – so lautet das Credo der Sammler. Und sie haben recht. Doch natürlich gibt es auch beim Sammeln beliebtere Dinge und weniger beliebte (Türklinken aus Finanzämtern zum Beispiel fallen in letztere Rubrik). Besonders gerne gesammelt werden Dinge in Tierform. Aber nicht wild durchein-

Initiieren Sie Sammel-leiden-schaften!

ander! Jeder sucht sich ein Tier aus, und da sammelt er dann, was ihm in die Hände fällt. Lieblingssammeltiere sind Delphine (Wale gehen aber auch), Enten, Gänse, Kühe, Frösche und Schildkröten. (Was gegen Zecken, Zackenbarsche und Zebrafinken spricht, wissen wir nicht. Jedenfalls werden sie nur selten gesammelt.) Diese Tierformsammler müssen alles, was nach ihrem Lieblingstier aussieht, besitzen.

Kaufen Sie alles!

Tierformen gibt es aus Glas, Plüsch, Keramik, Pappe, Holz, Wachs und als Bild, Lesezeichen, Spardose, Bleistiftanspitzer, Kerze, Radiergummi und Seife. Und und und. Die Anzahl der Dinge, die es beispielsweise in Form eines Frosches gibt, übersteigt bei weitem die Einwohnerzahl von Hannover-Langenhagen (wir haben nicht nachgezählt, sondern über den Daumen gepeilt. Trotzdem, es müßte ungefähr hinkommen!).

GARTENZWERGE

Für Haus und Garten!

Es gab eine Zeit, da lachte man in Deutschland über Gartenzwerge. Die putzigen Gesellen mußten für Gespött und Schlimmeres herhalten, und über ihre Besitzer rümpfte man arrogant die Nase und zeigte ihnen die kalte Schulter. Das ist gottlob vorbei. Endlich sieht man sie wieder in deutschen Vorgärten stehen, spärlich zwar noch, aber durchaus wahrnehmbar. Der Gartenzwerg als solcher hat ja auch schließlich keinem was getan (zumindest ist uns kein einziger Fall bekannt). Es gibt sie stehend, sitzend, liegend, mal mit Rehkitz, Laterne, Schubkarre oder Harke, und immer mit Mütze! Ein Gartenzwerg ohne Mütze ist gar keiner. Sollten Sie Ihre Eltern sehr mögen, schenken Sie Zwerge.

TRINKGEFÄSSE

Seit einigen Jahren gibt es Glühweinbechersammler – das könnte doch durchaus etwas für Ihre Eltern sein! Die Glühweinbecher sind aus schmutzig brauner Keramik und man bekommt sie auf Weihnachtsmärkten. Sie sehen alle gleich aus, aber der Aufdruck ist jeweils unterschiedlich: Die Stadt, in der man aus ihm trank, steht nämlich drauf. Zeigen Sie Ehrgeiz! Tun Sie es für Ihre Eltern. Schenken Sie Ihnen Glühweinbecher von jedem deutschen Weihnachtsmarkt! Eine Abwandlung: Organisieren Sie Bierkrüge und -gläser von Volksfesten!

Variantenreiches Sammeln!

DIES UND DAS

Bringen Sie Ihren Eltern Streichholzbriefchen von einer Reise mit (ein klassischer Sammelgegenstand). Oder Bierdeckel (desgleichen). Oder die Papiertüten, die immer in den Damentoiletten hängen (mal was anderes). Das erste Mal lacht die Familie über das Mitbringsel. So beim dritten, vierten Mal, damit müssen Sie rechnen, hat Vater oder Mutter den Ruf als Sammler weg. »Er sammelt Unterputzsteckdosen aus aller Herren Ländern!« – »Nein, wie originell! Na, dann wissen wir ja, was wir ihm aus Alanya mitbringen können!«.

Sammelleidenschaft wecken!

Geschenkt am:

Wem:

Anlaß:

GUTSCHEINE

Constantin Christ aus Chemnitz ist überzeugter Gutschein-Schenker. Wenn irgend möglich, schenkt er Mutter und Vater Christ ein hübsch bemaltes oder beklebtes Blatt Papier, auf dem in großen Lettern »Gutschein« steht. Und wieviel Freude er damit schon ausgelöst hat (und auch wieviel Kummer, das darf der Gerechtigkeit halber nicht verschwiegen werden). Gutscheine haben den »Selbstgemacht!«-Touch, der Eltern gefällt. Und wenn man es geschickt anstellt, kostet das angekündigte Geschenk keinen Pfennig, weil man um die Einlösung herumkommt. Wie's geht, weiß der schlaue Constantin.

Mal verschenkt er einen Gutschein, der nicht eingelöst wird, weil das Geschenk niemand haben will (wie damals zum Muttertag den Ritt auf einem Komodowaran). Mal verschenkt er einen Gutschein für ein Sieben-Gänge-Menü, leider für ein Restaurant, das sich laut Constantins Beschreibung in der Nähe vom Kap der guten Hoffnung befindet. Vater und Mutter Christ überlegen lange hin und her, ob sie die beschwerliche Reise wegen eines Essens auf sich nehmen sollen, und entscheiden sich letztlich dagegen.

Stellen Sie es klug an! Schenken Sie Ihren Eltern Gutscheine für Veranstaltungen, bei denen sie Ihre Kinder mitnehmen können (besser gesagt: müssen). Damit schlagen Sie zwei Fliegen mit einer Klappe. Schön und immer wieder eine Herausforderung sind Rätsel-Gutscheine: Das Geschenk gibt es erst, wenn man das Lösungswort herausgefunden hat. Wenn Sie gerade knapp bei Kasse sind, sollten Sie sich entsprechend fiese Fragen ausdenken.

Gutscheine, die nicht eingelöst werden

FÄHRFAHRT

Preiswerte Image-punkte!

Verschenken Sie einen Gutschein für eine Fährfahrt, zum Beispiel nach Dänemark – es sei denn, Ihre Eltern wohnen in Schleswig-Holstein, Niedersachsen, Mecklenburg-Vorpommern, Hamburg oder Bremen. Dann könnten sie doch mal auf die Idee kommen, den Gutschein einzulösen. Leben sie hingegen in Hessen oder Thüringen, können Sie großzügig auch noch die Rückfahrt sponsorn. Legen Sie ein paar bunte Prospekte der friesischen Reedereien zu dem Geschenk, und Ihre Eltern werden sich freuen!

EXQUISITE BOUTIQUE

Ihre Eltern kaufen ihre Kleidung im Kaufhaus oder bestellen sie im Katalog? Gut. Wenn Sie dann noch genau wissen, daß sie sich nie im Leben trauen würden, eine schicke teure Modeboutique zu betreten, ist ein Gutschein dafür gerade das Richtige! Das gleiche gilt für einen Mode-Friseur: Auch hier ist das Risiko, daß der Gutschein eingelöst wird, gering.

NOBELRESTAURANT

Kennen Sie ein extrem teueres Restaurant, in das Ihre Eltern niemals gehen würden? Schenken Sie ihnen einen Gutschein im Wert von 20 Mark. Wenn Ihre Eltern nicht weltfremd sind, wissen sie, daß sie dafür noch nicht mal eine Vorspeise bekommen werden und ordentlich zuzahlen müßten. Diese Investition werden sie sich gründlich überlegen – und die Anzahlung letztlich nicht brauchen.

Exzellent für die Image-arbeit!

KINO

Den Eltern einen Gutschein fürs Kino zu schenken, lohnt sich nur, wenn in der Nähe ihres Wohnortes Programmkinos sind. Aber dann ist der Gutschein eine feine Sache. Suchen Sie sich ein Kino aus, in das Ihre Eltern keine zehn Pferde kriegen: weil es in einer üblen Gegend liegt, viel zu weit entfernt ist, weil dort nur Experimentalfilme gezeigt werden oder weil alle Filme dort in Originalsprache laufen.

OPER, THEATER

Ein Gutschein für kulturelle Veranstaltungen macht sich immer gut als Geschenk: Der Schenker zeigt damit Geschmack und Niveau, die Beschenkten profitieren vom Nimbus. Wählen Sie eine besondere Veranstaltung aus: Eine moderne Oper, wenn Ihre Eltern sonst nur James Last hören, oder wie wäre es mit einem fünfstündigen Stück experimentelles Tanztheater? Die Chancen stehen ziemlich gut, daß Sie um die Einlösung des Gutscheines herum kommen.

Geschenkt am:
Wem:
Anlaß:

Gutscheine mit Kinderbetreuung

KINO

Großer Erholungseffekt

Laden Sie Ihre Eltern ins Kino ein (»Damit ihr mal rauskommt! Immer nur vorm Fernseher sitzen, das ist nichts!«). Allerdings nicht Sie begleiten sie, sondern Ihre Kinder. Ist das nicht schön, einen Film sehen mit Oma und Opa?

Verständlicherweise kann man den lieben Kleinen nicht zumuten, eine deutsche Komödie zu gucken. Je nach Alter und Vorliebe werden sie sich für einen Film von Walt Disney oder »Terminator 3« entscheiden müssen.

ZIRKUS

Ein freier Nachmittag

»Erinnert ihr euch noch, wie schön das immer war, wenn wir zusammen im Zirkus waren?« So oder so ähnlich müßte das Beginning lauten, wenn Sie Ihren Eltern einen Gutschein für Zirkuskarten schenken. Und daß sie die quengelnden Enkel mitnehmen, die so gerne auch in den Zirkus wollen, ist doch selbstverständlich. Da die Nachmittagsvorstellungen in der Regel die Hölle für Erwachsene sind, seien Sie nett: Spendieren Sie Ihren Eltern gute Plätze und prophylaktisch Oropax.

THEATER

Freier Nachmittag und preiswert!

Das gleiche Prinzip ist bei Theater-Gutscheinen anzuwenden. »Es gibt ja nicht Schöneres, als mit den Großeltern ins Theater zu gehen!« – etwas in dem Dreh sollte Ihnen einfallen, oder: »Das hält jung!« Und wer weiß? Vielleicht haben Ihre Eltern ja tatsächlich Spaß an Marionetten oder Handpuppen und an fünfzig kreischenden Zwergen um sie herum.

RESTAURANT

Eine Einladung ins Restaurant ist auch eine hübsche Idee, die den Eltern sicher Freude macht. Leider, leider kommt bei Ihnen etwas dazwischen und Sie können nicht mitgehen! Aber die Enkel würden sich ja so freuen, wie gerne würden sie mit Opa und Oma ...! Vorausgesetzt, Ihre Eltern sind nicht fies und wollen die Kleinen nicht quälen, gehen sie natürlich gerne auf deren Wünsche ein. Das heißt, sie landen bei McDonalds, an einer Pommes-Bude oder in einer Eisdiele.

Geschenkt am:

Wem:

Anlaß:

Rätsel-Gutscheine

KOPIE

Am schnellsten geht die Gutscheinherstellung, wenn Sie das Rätsel aus der ZEIT oder dem FAZ-Magazin fotokopieren! Achten Sie darauf, daß alle Buchstaben im Rätsel vorkommen, die Sie für das Lösungswort (zum Beispiel Restaurant, Theater) brauchen! Sollten Ihre Eltern das Rätsel lösen können – na gut, dann werden sie eben eingeladen.

Daß Sie Vater so ein schweres Rätsel zutrauen, wird ihn freuen!

SELBSTGEMACHT

Besser, man bastelt das Rätsel selbst, auch wenn es länger dauert, weil man den Schwierigkeitsgrad so derart nach oben schrauben kann, daß selbst passionierte Rätsler bei der Lösung kein Land sehen.

Herstellung: Schreiben Sie das Lösungswort (Beispiel Restaurant) auf Schmierpapier. Denken Sie sich für jeden Buchstaben eine schwer zu beantwortende Frage aus. Zum Beispiel: »Wie lautet der lateinische Name der Rosengallwespe? Der elfte Buchstabe der Antwort ist der erste Buchstabe des Lösungswortes.«

Wichtig: Stellen Sie das Rätsel als ganz einfach dar! Erzählen Sie, daß Ihre Freunde und deren Kinder die Fragen getestet haben und die Antworten meist auf Anhieb wußten. Ihre Eltern werden deshalb niemals zugeben, daß sie das Lösungswort nicht herausgekriegt haben. So sparen Sie die Einlösung des Gutscheins.

Geschenkt am:

Wem:

Anlaß:

GUTSCHEINE FÜR TÄTIGKEITEN

ABWASCH (für Söhne)

Muttertagsgeschenk, um Punkte zu machen

Ein schönes Geschenk zum Muttertag ist ein Gutschein über einmal abwaschen! Dies gilt aber nur für Söhne, denn es ist ziemlich unwahrscheinlich, daß Ihre Mutter Ihnen nicht im letzten Moment doch noch den Lappen aus der Hand reißt. Bei Töchtern würde sie das wahrscheinlich nicht tun, deshalb ist dieser Gutschein ausschließlich für Söhne geeignet! Er bringt viele Imagepunkte, der Einlösefakor ist gleich Null!

Normalerweise ohne Einlösung

Für Söhne ähnlich gut geeignet sind: Gutschein zum Hemdenbügeln oder Gutschein zum Fensterputzen.

SCHNEEFEGEN (für Töchter)

Vatertagsgeschenk

Was der Abwasch für Söhne, ist das Schneefegen für Töchter. Vergessen Sie nicht, welcher Generation Ihre Eltern angehören! Sie würden ihre Töchter unbarmherzig spülen lassen, aber Schneefegen? Die Chance, um die Einlösung des Gutscheines herumzukommen, ist groß.

Für Töchter ähnlich gut geeignet sind: Gutschein zum Dachrinnensäubern oder Gutschein zum Gartenumgraben.

Geschenkt am:

Wem:

Anlaß:

Ausnutzen der Macken

Eltern besitzen mindestens eine Eigenschaft, die andere Menschen – ihre Brut nicht ausgenommen – zum Wahnsinn treibt. Traurig, aber wahr. Vater wird mit zunehmendem Alter pedantisch, Mutter ängstlich. Oder Mutter pedantisch und Vater ängstlich. Auch das ist schon vorgekommen. Die Auswahl an unangenehmen (und wirklich lästigen) Eigenschaften ist so groß, da ist für jedes Elternpaar was dabei. Doch anstatt darüber zu lamentieren, sollten wir uns ihre Macken beim Schenken zunutze machen. Corinna Camphausen aus Celle geht mit gutem Beispiel voran.

Die Camphausens sind im richtigen Alter, um Ärzten dauernd auf der Pelle zu hängen. Ein Zipperlein hier und eines dort. Natürlich sind sie keine Hypochonder, die Camphausens! Formulieren wir mit Corinna: »Sie beginnen sich intensiver für ihre Gesundheit zu interessieren.« Wenn Corinna ein Geschenk für Mutter oder Vater Camphausen sucht, geht sie ins Reformhaus. Oder in die Apotheke. Ja, selbst im Celler Sanitätsfachhandel hat man Corinna schon gesehen.

Manche Eltern werden im Alter vergeßlich. Das ist nicht nur von Nachteil. Überlegen Sie, ob Sie da überhaupt einschreiten wollen oder nicht doch lieber den Dingen ihren Lauf lassen. Gegen Verfall ist sowieso kein Kraut gewachsen. Wenn man's richtig nimmt, sind vergeßliche Eltern eine Gnade: Man kann ihnen jedes Jahr das gleiche schenken. Das kann man bei nichtvergeßlichen Eltern zwar auch tun, aber nach dem zweiten, dritten Mal fangen sie an, komisch zu gucken, nach dem vierten Mal sagen sie nicht mal mehr Danke und nach dem achten Mal steht »Unbekannt verzogen« an ihrem Klingelschild. Aber wer es riskieren will, bitte!

Andere Eltern werden im Alter infantil. Das ist schlimm für deren Söhne und Töchter: Immer müssen die sich schämen, weil sie so alberne Eltern haben. Und weil sie nicht wissen, was sie ihnen schenken können. Keine Bange: Auch für elterliche Scherzkekse haben wir das ein oder andere Präsent ausgewählt. Nur Mut beim Kauf! Vielleicht kleben Sie sich einen falschen Bart an, bevor Sie ins Geschäft gehen, um nach einem Pupskissen oder einem Zimmerspringbrunnen zu fragen!

Infantile Eltern zu haben, ist noch gar nichts. Da gibt es noch ganz anderes! Clemens Cramer aus Carolinensiel beispielsweise beobachtet, daß seine Eltern von Jahr zu Jahr nicht nur immer altersstarrsinniger, sondern auch altersgrößenwahnsinnig werden. Vater Cramer nimmt den Mund so was von voll, das glaubt man kaum. Da heißt es einschreiten. Wollen wir mal schauen, was der spitzfindige Clemens sich ausgedacht hat! Vater Cramer bekommt einen Bungee-Sprung geschenkt. Da wird es plötzlich ganz still an der festlich gedeckten Geburtstagstafel.

Wir gratulieren Clemens für dieses Geschenk, denn: 1. Er hat sich damit zu Vater Cramers Liebling katapultiert, weil er seiner männlichen Eitelkeit schmeichelt (»Mein Junge kennt mich! Der traut es mir zu, Teufelskerl, der ich bin!«). 2. Er hat sich damit zu Mutter Cramers Liebling katapultiert, weil sie sofort von der Zeit danach zu träumen beginnt, wo sie das schöne, große Haus ganz allein für sich hat und nur alle paar Tage mal auf Besuch in die Reha-Klinik muß. 3. Er hat keine müde Mark (noch nicht mal einen putzmunteren Pfennig) für das Geschenk bezahlt, weil er klugerweise einen Gutschein verschenkt hat, den Vater Cramer natürlich niemals einlöst.

Manche Eltern sind so wagemutig, und andere so ängstlich! Das ist nicht schön, aber wahr. Doch auch für die Sicherheitsfanatiker unter unseren Vätern und Müttern haben wir einige Präsente gefunden! Farbige Sicherheitsgute wären eine gute Idee, oder eine Handvoll dieser neuartigen Tampons mit Sicherheitszone. Oder ein Elektroschocker für die Mutter und ein Karate-Kurs für den Vater. Wer's mag.

Nach der Pensionierung bricht für Eltern die Saure-Gurken-Zeit an. Sie müssen sich mit irgendwas beschäftigen, und dafür sollten wir ihnen Dinge schenken. Wenn man das nicht tut, hat man nur Ärger: Permanente Anrufe zu unchristlichen Tageszeiten, weil ihnen langweilig ist und sie nicht mehr schlafen können, und spontane Besuche, die sich zu Kurzurlauben ausdehnen. »Verhindern durch Schenken« – so lautet die Devise.

Wir haben eine schöne Auswahl an Geschenken für den alternden Elektro-Freund und die Fernseh-Maniacs zusammengestellt. Auch für Eltern, die gerne Rosen oder Tauben züchten, kochen, häkeln, Karten spielen, gibt es so viel Schönes.

Wer nicht weiter weiß, schaut ins Internet. Wir beauftragten eine Suchmaschine, und siehe da: Zum Stichwort Modellbau nannte sie uns 16566 Treffer; zu Seidenmalerei immerhin noch 1735 Treffer. Wer immer noch behauptet, keine Idee für ein Elterngeschenk zu haben, wo doch auch seine Eltern bestimmt die ein oder andere Macke haben, der lügt.

Megalomane

KURSE

Als Gutschein verschenken

Ihr Vater ist überzeugt davon, mit seinen sechzig Jahren noch fitter, beweglicher und kräftiger zu sein als die meisten jüngeren Männer (alles Weicheier)?

Lassen Sie ihn die Probe aufs Exempel machen. Schenken Sie ihm einen Kletter- oder Tauchkurs! Er wird sich geschmeichelt fühlen, daß zumindest Sie ihn noch nicht zum alten Eisen rechnen.

SPRÜNGE

Verschenken Sie als besonderes Highlight einen Bungee-Jumping-Sprung oder einen (Tandem-)Fallschirmsprung. Eine Herausforderung an jeden Vater, der was auf sich hält und kurz nach der Pensionierung noch mal zeigen will, was Sache ist.

AUSSTELLUNGSRAUM ANMIETEN

Auch hier werden Sie vermutlich um die Einlösung herumkommen

Ihre Mutter hat seit neuestem künstlerische Ambitionen, mit denen sie den Rest der Familie quält? Sie verschenkt zu jeder Gelegenheit ein selbstbemaltes Seidentuch, ein Trockenblumengeschenk oder etwas Getöpfertes? Nehmen Sie sie ernst: Schenken Sie ihr eine Ausstellungsmöglichkeit! Erkundigen Sie sich, wo ein Ausstellungsraum, oder wenigstens eine leere Wand, für eine Woche zu mieten wäre (Freizeitheim, Seniorenheim, Krankenhaus).

Geschenkt am:

Wem:

Anlaß:

Fernseh-Maniacs

FAHRT IN FERNSEHSTUDIO

Ihre Eltern lieben Fernsehen? Dann würden sie sicher liebend gerne mal selbst dabei sein! Wenn ein Fernsehsender beziehungsweise Aufnahmestudio in der Nähe ihres Wohnortes ist, organisieren Sie Karten, damit Ihre Eltern mal vor Ort, als Publikum, zuschauen können.

Eignet sich gut als Staffelgeschenk

Es muß gar nicht »Wetten dass ...« oder »Musikantenstadl« sein! Eine piefige Quizshow oder »Vera am Mittag« tun es genauso: Dabei sein ist alles!

AUTOGRAMMKARTEN

Mit Sicherheit haben Ihre Eltern besondere Fernseh-Lieblinge, auch wenn Marika Rökk nicht mehr grätscht, Ilse Werner kaum noch pfeift und Kulenkampf tot ist! Möglicherweise verehren sie den ein oder anderen Talkmeister oder Serienhelden. Besorgen Sie Autogrammkarten. Jeder Promi hat eine Autogrammadresse, manche sogar einen eigenen Fanclub: Hier werden Sie versorgt mit Infos, Autogrammkarten und verschiedenen Fan-Artikeln.

Basteln Sie einen Kalender daraus!

FERNBEDIENUNGSSTÄNDER

Bestimmt haben Sie keine Ahnung, daß es so etwas gibt, stimmt's? Ein Fernbedienungsständer ist in der Regel aus gutem deutschen Eichenholz (oder sieht zumindest so aus, vielleicht ist es auch Decefix) und ähnelt einem Stiftebecher – bloß in eckig. Zwei Fernbedienungen (für Fernseher und Videogerät zum Beispiel) haben aufrechtstehend darin Platz. Damit die guten Fernbedienungen auch ja nicht zerkratzen, sind die Ständer innen gepolstert (kein Witz!).

Mal was ganz besonderes!

KNABBERSACHEN

Schreiben Sie »Für einen gemütlichen Fernsehabend« oder einen ähnlich dümmlichen Text auf eine Karte oder sagen es als Text bei der Geschenkübergabe. Kaufen Sie einfach pfundweise Knabberzeug: salzig-herzhafte Chips, Fischli, süße Pralinen und Kekse. Zwei Piccolo dazu – fertig ist das Geschenk!

ABO FÜR FERNSEHZEITSCHRIFT

Passionierte Fernseh-Gucker brauchen (mindestens) eine Fernsehzeitschrift. Wenn die auch noch nach Hause geliefert wird, entfällt ein weiterer Weg für Ihre Eltern. Bestimmt bevorzugen Vater und Mutter unterschiedliche Zeitschriften. Gut so: Dann bekommt jeder eben sein eigenes Abo!

BÜCHER ZUR SERIE

Präsentation sehr wichtig!

Über jede Serie, die was auf sich hält, kann man auch ein Buch kaufen. Ob »Lindenstraße«, »Forsthaus Falkenau« oder »Schwarzwaldklinik« – das Buch zur Serie ist bei Fans ein Renner.

Geschenkt am:

Wem:

Anlaß:

HYPOCHONDER

WÄRMEBANDAGE

Kurzstaffel geeignet, da für verschiedene Körperteile erhältlich

Ältere Menschen frieren leicht. Außerdem sorgen sie sich darum, sich bloß nicht zu verkühlen. Sobald ein Fenster offensteht oder sie in Zugluft sitzen, befürchten sie, an einer Lungenentzündung zu Grunde zu gehen. Schenken Sie Ihren Eltern Wärme! In Form von Wärmebandagen. Das sind Wollteile, die es speziell für Schultern, Knie oder die Nierengegend gibt (in Kaufhäusern oder Sanitätsgeschäften). Auf keinen Fall auf Butterfahrten kaufen – da kaufen Ihre Eltern.

BEHEIZBARE AUTOSITZAUFLAGE

Verkühlen Teil zwei! Falls Ihre Eltern ein Auto haben, schenken Sie ihnen doch eine beheizbare Autositzauflage, dann haben sie es im Winter immer mollig warm im Wagen. Tolle Sache, oder? Falls sie von Rheuma, Gicht oder Schnupfen geplagt werden und empfindlich gegen Kälte sind, freuen sie sich bestimmt. Dieses Ding wird einfach über den Autositz gelegt und an den Zigarettenanzünder gestöpselt.

PEDALTRAINER

Ideal für Imagearbeit: Sie sorgen sich um die Gesundheit der Eltern

Der Pedaltrainer ist ein besonderes Sportgerät, das für bewegungshassende Phlegmaten entwickelt wurde. Es ist nichts weiter als eine kleine Vorrichtung, an der zwei Pedalen befestigt sind. Das ist alles. Man setzt sich in den Fernsehsessel und strampelt nebenbei ein bißchen, wenn man möchte. Betonen Sie den Gesundheitsaspekt von täglicher Bewegung, wenn Sie den Pedaltrainer verschenken! Dieses Sportgerät kann nach Gebrauch unter dem Sofa verstaut werden.

VIDEOKASSETTE I

Staffelgeschenk geeignet

Sich regen bringt Segen – begründen Sie mit diesem blöden Spruch das folgende Geschenk! Bespielen Sie eine Videokassette eigens für Ihre Eltern, und zwar ausschließlich mit Gesundheitssendungen. Stellen Sie ein »Best of Gesundheitsmagazin Praxis« zusammen.

VIDEOKASSETTE II

Sammelleidenschaft entfachend

Die gekaufte Alternative tut's natürlich genauso gut. Im Supermarkt im Display neben der Kasse (oder im Kaufhaus) finden Sie Videokassetten, die zur Gymnastik anregen sollen und Übungen zum Nachmachen zeigen. Meistens sind irgendwelche Promis die Vorturner à la »Turn mit deinem Lieblings-Model«.

Geschenkt am: Wem: Anlaß:

Sicherheitsfanatiker

VERSICHERUNG

Geschenk als Investition!

Wahrscheinlich glauben Sie, daß Ihre Eltern schon doppelt so viele Versicherungen haben, als sie überhaupt brauchen. Das mag sein – spricht aber nicht dagegen, ihnen eine weitere zu schenken.

Schenken Sie ihnen entweder eine mit niedrigem Beitragssatz, die problemlos zu kündigen ist oder eine teure, die Sie sich direkt zu Ihren Gunsten ausstellen lassen. Lassen Sie sich als Nutznießer eintragen.

ELEKTRONISCHER WACHHUND

Das haben die Eltern bestimmt noch nicht!

Auch ein schönes Geschenk! Dieses Elektrogerät soll potentielle Einbrecher in die Flucht schlagen und ist je nach Ängstlichkeit regulierbar: Schon beim kleinsten Geräusch kann es anspringen und ein fieses Hundegebell von sich geben. Auf daß Ihre Eltern nie wieder belästigt werden – von Nachbarn oder Briefträgern.

Geschenkt am:

Wem:

Anlaß:

Scherzkekse

KLOPAPIERHALTER

Kann Sammelleidenschaft wecken!

Sind Ihre Eltern stolz auf ihren Humor? Haben sie die Einstellung, daß ein Tag ohne Lachen nichts wert ist? Lieben sie Heinz Schenk, sehen sie sich freiwillig den Mainzer und den Kölner Karneval im Fernsehen an? Können sie sogar über Pupskissen lachen? Dann sind sie die geeigneten Kandidaten für einen originellen Klopapierhalter.

Die gibt es in ganz verschiedenen Variationen: mit eingebautem Radio, in Form eines Weihnachtsmannes oder mit Tierköpfen.

T-SHIRTS UND TASSEN

Was ein richtiger Scherzkeks ist, der hat viel Vergnügen an den ganzen Grausamkeiten, an denen wir immer schnell vorbeistürmen: T-Shirts mit lustigen Sprüchen wie »Bier formte diesen schönen Körper«, oder Kaffeebecher in besonderen Formen – mit Brüsten oder Ohren oder Brüsten und Ohren – oder mit flotten Sprüchen.

Ideales Mitbringsel für kleine Anlässe wie Muttertag, Vatertag oder Nikolaus!

Besonders große Freude wird Mutter oder Vater Scherzkeks an Bechern mit Schweinereien haben: Darauf sind meistens Paare zu sehen bei einer unverfänglichen Tätigkeit, aber nur, solange heiße Flüssigkeit im Becher ist. Trinkt man den Becher aus oder wird der Kaffee kalt, verändert sich das Bild und man sieht, daß das Paar vögelt. Ist das nicht witzig?

SPARDOSEN

Wer solche T-Shirts mag, wird gewisse Spardosen auch brüllend komisch finden. Na ja. Es gibt sie jedenfalls in allen erdenklichen Formen: als Sarg, als Toilette, als Gartenzwerg und so weiter.

Ideal für »zwischendurch«

Erfinden Sie jedesmal einen neuen Grund, warum Sie schon wieder so eine Spardose verschenken: Entweder erklären Sie den Scherzkeks mit sofortiger Wirkung zum Spardosen-Sammler oder er bekommt eine Spardose für die Urlaubskasse, eine für die Mitgliedsbeiträge des Vereins, eine Taschengeld-Spardose, eine für die Skat- oder Rommé-Runde und so weiter. (Wenn ihm nichts zu blöd ist, sollte es Ihnen auch egal sein!)

Achtung Sammelobjekt: gut geeignet als Staffelgeschenk

Geschenkt am:

Wem:

Anlaß:

ELEKTRO-FREAKS

TISCHSTAUBSAUGER

Staffelgeschenk: Sie gehen schnell kaputt!

Was wird Ihre Mutter glücklich sein! Nie wieder mit Tischhandbesen und Tischkehrblech die gute Tischdecke reinigen. Endlich bekommt sie einen kleinen praktischen batteriebetriebenen Staubsauger, den sie immer griffbereit in der Kitteltasche mit sich tragen kann. Sollte sie tatsächlich mal beim Putzen ein Stäubchen übersehen haben – sss, weg ist es!

ELEKTROSAUGBÜRSTE

Ist auch ein schönes Geschenk für den Vatertag

Was für Mutti der Tischstaubsauger, ist für Vati die Elektrosaugbürste. Die ist nämlich vor allem für die Innenreinigung des Autos gedacht, und das ist doch Vatis Terrain! Mit der batteriebetriebenen Elektrosaugbürste können die Autositze (wahlweise Wohnzimmercouch, Fernsehsessel oder Gartenmöbelpolster) endlich mal gründlich gesäubert werden.

ELEKTRONISCHER ALKOHOLTESTER

Imagepunkte: »Ich möchte nicht, daß euch etwas passiert!«

Trinken die beiden gerne mal einen über den Durst? Oder können nicht mehr einschätzen, wieviel Alkohol sie überhaupt noch vertragen? Selbst wenn nicht: einem wahren Elektro-Freak ist jeder Dreh recht, Hauptsache, er bekommt ein neues Gerät!

Geschenkt am:

Wem:

Anlaß:

VERGESSLICHE

MAGNETWAND

Es ist keine Schande, im Alter vergeßlich zu werden – aber lästig ist es schon! Vergeßliche Menschen brauchen Erinnerungsstützen, eine gute Gelegenheit für Geschenke. Pinn- oder Magnetwände sind ideal für Notizen, Hinweise, Zettelchen.

Auch für Kurzstaffel geeignet!

In jedem Zimmer könnte eine hängen, um einen einigermaßen geregelten Tagesablauf zu garantieren. Am besten bereiten Sie die Zettel schon vor und heften Sie auf die Magnetwand. Hier sind einige Anregungen! Bad: »Gebiß einsetzen« – »Spülung ziehen«. Küche: »Herd ausschalten« – »Verdorbene Lebensmittel wegwerfen« – »Brei aufessen«. Stube: »Fernseher abschalten« – »Licht vorm Schlafengehen ausschalten« – »Lüften« – »Vogel füttern«.

Aktive Lebenshilfe!

SOS-KAPSEL

Bei vergeßliche Menschen (oder bei auch Haustieren ohne nennenswerten Orientierungssinn) empfiehlt es sich, ihnen eine Kette oder ein Armband mit einer SOS-Kapsel umzuhängen. In der Kapsel befindet sich ein Zettel mit Name, Anschrift, Blutgruppe und die zu benachrichtigende Person im Unglücksfall. Tragen Sie Ihren Namen und Telefonnummer da ein, das kommt bei Ihren Eltern gut an! (Vertauschen Sie »versehentlich« die letzten zwei Ziffern Ihrer Telefonnummer.)

Gut für die Imagearbeit!

Geschenkt am:

Wem:

Anlaß:

ZEITSCHRIFTEN

Kurzstaffel geeignet

Die Zahl der regelmäßig erscheinenden Zeitschriften ist gigantisch. Für jede Sparte – jede Sportart, jede Altersstufe, jedes Hobby – gibt es mindestens eine Zeitschrift. Es sollte Sie also nicht abschrecken, wenn Vater oder Mutter bereits eine Fachzeitschrift im Abo bezieht. Mit großer Sicherheit wird es noch andere geben!

KURSE

Tanzen Ihre Eltern gerne? Spielt Ihre Mutter Heimorgel oder hat Ihr Vater mit dem Kochen begonnen? Für alles und jedes gibt es Kurse! Ein Blick ins Programmverzeichnis der Volkshochschule wird Sie auf gute Ideen bringen. Und dann verschenken Sie nacheinander einen Anfänger-, Fortgeschrittenen- und schließlich Meisterkurs!

ZUBEHÖR

Für jedes Hobby gibt es tonnenweise Zubehör zu kaufen, manchmal gibt es sogar eigene Fachgeschäfte (für Angeln, Jagen, Modelleisenbahnen, Handarbeiten, Modellbau). Aber selbst in Kaufhäusern findet man das ein oder andere passende Stück. Wenn Mutter oder Vater beispielsweise gerne Karten spielt, kann man Kartenspiel-Päckchen (es gibt auch originelle), Spielblöcke zum Notieren der Punkte, Spielkartenhalter oder eine Kartenmischmaschine – batteriebetrieben oder mit Handkurbel – schenken.

Geschenkt am:

Wem:

Anlaß:

GESCHENKE FÜR BESONDERE ANLÄSSE

Das Grauen kündigt sich schon lange vorher an. Ein, zwei Jahre vorm großen Fest erzählen Eltern von den Jubiläumsgeschenken, die Freunde und Verwandte von ihren Kindern bekommen haben. Es hilft alles nichts: Sie müssen blechen! Besondere Anlässe kosten in der Regel auch besonders viel Geld. Machen Sie sich darauf von vornherein gefaßt, dann ist es weniger schlimm. Ob Silberne oder Goldene Hochzeit, ein Jubiläum oder runder Geburtstag – hier sollten Sie klotzen, nicht kleckern! Die ganze Bagage schaut schließlich zu. Wenn es eine gute Gelegenheit gibt, allen zu zeigen, daß Sie das gute Kind sind, dann die. Niemand wird sich später wundern, daß Sie das Familiensilber und die alten Stiche abstauben und nicht Ihre Geschwister. Man wird sich an die riesige Blumenschale, das tolle Geschenk und Ihre schöne Rede erinnern. Hier ist das Geld goldrichtig angelegt.

Cornelius Cammans aus Cloppenburg startet zur Silberhochzeit seiner Eltern eine konzertierte Aktion mit seinen Geschwistern Cosima und Christian. Schwester Cosima organisiert die Reise, Bruder Christian das Festessen. Und Cornelius, auch nicht faul, achtet darauf, daß er bei der Präsentation der Geschenke immer schön im Mittelpunkt steht. Cornelius überreicht die Blumenschale, er verkündet Ort und Dauer der Reise, selbstverständlich hält er die Rede für das Silberbrautpaar. Alle Anwesenden gewinnen den Eindruck, daß Cornelius der Hauptschenker, das Aktiv-Kind beim Schenken ist. Aus Anstand murren Cosima und Christian hinter Cornelius Rücken, nicht aber vor den Eltern und den Gästen.

Was immer Sie zu einem besonderen Anlaß verschenken – und sei es ein Spaten, ein Spargelschälmesser oder zwei Paar Springerstiefel – legitimieren Sie Ihr Handeln mit altem Brauchtum. Erfinden Sie eine Geschichte ums Geschenk herum. Niemand wird Ihnen widersprechen – denn niemand will sich als Unwissender in Sachen (Familien-)Tradition outen.

Seien Sie selbstbewußt, und niemand wird's Ihnen übelnehmen.

Runde Geburtstage und Jubiläen

RENT AN EVENT

Image-arbeit!

Möglichkeiten aktiver Familienpolitik: Stripper, Bauchtänzer innen

Es gibt schlimme Geschenke, und es gibt richtig schlimme Geschenke. Zu einem besonderen Anlaß wie einem runden Geburtstag oder einem Jubiläum, das groß gefeiert wird (im Vereinsheim oder im Hinterzimmer eines Restaurants) gehört ohne Frage ein besonders schlimmes Geschenk. Der Geschmacklosigkeit sind keine Grenzen gesetzt. Schenken Sie eine außergewöhnliche künstlerische Darbietung. Informieren Sie sich bei einer Künstleragentur, welche Kleinkunst-Acts sie im Programm haben. Und dann buchen Sie: eine Bauchtänzerin, ein Tango-Tanzpaar, ein Latino-Tanzpaar, einen Zauberer, einen Bauchredner, einen Karikaturisten, einen Trick-Taschendieb. Wichtig: Sprechen Sie mit dem Künstler vorher Möglichkeiten ab, wie Sie ins rechte Licht gerückt werden. Schließlich soll die bucklige Verwandtschaft sehen, wer sich hier ins Zeug gelegt hat!

TORTE

Image-arbeit!

Eine große Torte vom Konditor beeindruckt Ihre Eltern mit Sicherheit. Die gibt's in Konditoreien und Kaufhäusern (muß vorbestellt werden). Oben drauf kommt die Geburtstagszahl oder das Jubiläum. So aufsehenerregend wie die gekauften können die selbstgemachten selten aussehen. Falls Ihre Eltern übergewichtig, zuckerkrank oder Tortenfeinde sind: Torten gibt es auch aus Styropor oder aus Plastik zum Aufblasen.

Geschenkt am:

Wem:

Anlaß:

Silberhochzeit

DREI-TAGES-TOUR

Schenken Sie Ihnen – am besten gemeinsam mit Ihren Geschwistern oder anderen Verwandten – eine Kurzreise. Zwei Übernachtungen mit Frühstück plus An- und Abreise mit Bahn oder Bus sind in der Vor- oder Nachsaison bezahlbar.

Nur als Gruppengeschenk organisieren!

Suchen Sie einen Ort aus, der nicht weit vom Wohnort der Eltern entfernt ist und der sich durch preiswerte Werbeaktionen müht, Gäste anzuziehen. Ist ein Meer oder See in der Nähe, ein Mittelgebirge, eine herausgeputzte Kleinstadt nach Elterngeschmack? Sie können auch schon mal dort gewesen sein, das macht überhaupt nichts.

Peppen Sie das Ganze noch durch ein paar Prospekte vom Ort auf oder – ganz verwegen – mit einem Mitternachts-Dinner. Vielleicht bekommen Sie das auf Gutschein. Sollten Ihre Eltern vorher eingeschlafen sein, was durchaus vorkommen kann – sparen Sie wenigstens das schon mal.

BLUMEN

Besorgen Sie unbedingt ein großes Blumengebinde mit einer silberner Schleife und einer großen 25 aus Plastik darauf. Auch hier gilt: Klotzen, nicht kleckern! Achten Sie darauf, gleich morgens früh der erste Gratulant zu sein.

Auf Timing bei der Übergabe achten!

Geschenkt am:

Wem:

Anlaß:

Goldene Hochzeit

REISE

Persönliche Bonus-punkte und gute Image-arbeit!

Schenken Sie das gleiche wie zur Silberhochzeit: eine Reise übers lange Wochenende, am besten außerhalb der Saison. Das Reiseziel muß nicht sonderlich spektakulär sein: Wenn Ihre Eltern es geschafft haben, fünfzig Jahre lang mit dem gleichen Partner verheiratet zu bleiben, wird ihr Abwechslungsquotient gegen null tendieren. Selbst den nächstliegenden Stadtteil werden die beiden vermutlich anders, aufregend und fremd finden.

Machen Sie nicht den Fehler, auf die Reise mitzufahren. Ersparen Sie sich das. Außerdem ist das Geschenk nicht ganz billig: Dadurch haben Sie sich freigekauft und können die beiden ruhigen Gewissens alleine losfahren lassen.

RADIOGRUSS

Imagefaktor unendlich!

Bei fast allen Radiosender und auch im Fernsehen (zum Beispiel auf ORB) gibt es regelmäßig Grußsendungen. Das hören mit Vorliebe ältere Menschen in der Hoffnung, eines Tages wird ein Gruß für sie dabei sein. Tun Sie Ihren Eltern den Gefallen. Schreiben Sie die entsprechenden Redaktion des Senders an und senden Sie Ihre Grußbotschaft durch den Orkus (»Zum eurem Ehrentage ...«). Schneiden Sie die Sendung zur Sicherheit mit und sorgen Sie dafür, daß Ihre Eltern – und die von Ihnen dezent informierte Verwandtschaft – zum Sendetermin auch vorm Radio oder Fernsehen sitzen.

BLUMEN

Bei diesem Anlaß muß es ein Blumengesteck sein, eine Schale voller Blumen, die was hermacht. Denken Sie daran, im Blumengeschäft eine goldene Plastik-50 zu kaufen, die zwischen die Blumen gesteckt wird.

Geschenkt am: Wem: Anlaß:

Muttertag

BLUMEN

Machen Sie sich bei so einem dämlichen Geschenkanlaß wie Muttertag bloß keinen Streß! Wenn Ihre Mutter Wert darauf legt (jaja, natürlich tut sie das, schon klar!), schenken Sie ihr Blumen. Am besten und rationellsten beauftragen Sie damit einen Blumen-Bringdienst. Das erspart Ihnen den Besuch zu Hause.

Zeit ist Geld: Besuch oder Bring-dienst? Bringdienst!

Das Gute am Blumenstrauß: Sie können jedes Jahr das gleiche Geschenk machen. Lassen Sie sich etwas einfallen, um dem Strauß eine persönliche Note zu geben. Schenken Sie zum Beispiel nur Sträuße in einer Farbe oder immer nur eine Sorte.

Arbeiten Sie an Ihrem CI

Geschenkt am:

Wem:

Anlaß:

Vatertag

ALK

Neben Karneval, Silvester und Betriebsausflug ist der Vatertag der einzige Anlaß für Väter, sich nach Herzenslust und Kapazität zuzuschütten. Sei's drum! Wenn Ihr Vater am Vatertag mit seinen Freunden wandern geht, schieben Sie ihm eine Flasche Alk in seinen Wanderwagen. Schenken Sie ihm einen Flachmann, einen edlen Roten oder gar die Flasche Cognac, je nach Geschmack und zu erübrigender Kohle. Fertig ist das Geschenk, und das Jahr für Jahr.

Image-arbeit: Heucheln Sie Verständnis für das Besäufnis!

Geschenkt am:

Wem:

Anlaß:

MÜTTER-SPECIAL

Conrad Claasen aus Clausthal-Zellerfeld müht sich jahrelang vergeblich, die Gunst seiner Mutter zu erringen. Er schenkt viel, er schenkt gern, er schenkt falsch! Seine Geschenke, die dazu gedacht waren, Mutter Claasen aus strategischen Gründen auf seine Seite zu ziehen, sind offensichtlich die untauglichen Mittel. Die Softeis-Maschine wurde – noch im Karton – hinter dem Vorhang verstaut, die abwaschbare Tischdecke mit den Enten verschwand in den Tiefen der Claasenschen Schlafzimmerschrankwand.

Seine Schwestern Carina und Constanze verstehen sich prächtig mit Mutter Claasen. Obwohl sie stets weniger Geld in die Geschenke investierten als Conrad, freut sich die Mutter zehn- bis zwölfmal mehr. Es kommt der Tag, da Conrad begreift: Carina und Constanze schenken Mutter Claasen ausschließlich Anti-Mutter-Geschenke. Das ist ihr Trick! (Was würde wohl deine Freundin sagen, Conrad, wenn du überhaupt eine hast, wenn sie von dir anstatt Parfüm, Perlen und Petticoats plötzlich Tupperware, Tischdecken und Teigwaren geschenkt bekäme?)

ANTI-MUTTER-GESCHENKE

Frauen aus der Generation unserer Mütter opferten sich auf für Haus und Heim, Mann und Maus, Kind und Kegel. Das war ihr Daseinszweck, damals. Aber irgendwann is' auch gut! Spätestens wenn die Kinder über dreißig sind, fällt den Müttern ein, daß es noch ein anderes Leben vor dem Tod gibt. Jawohl, da war doch noch was, oder? Die ersten zwei kostbaren Perserteppiche schenkt Mutter Claasen her, als Conrad ihr einen Seidenschal zum Geburtstag bringt, obwohl er eigentlich ein Dampfbügeleisen favorisiert hat. Und als dann noch ein Gutschein für dieneue Dauerwelle unterm Weihnachtsbaum liegt anstatt einer Bratpfanne, und Conrad ihr parfümierte Körperlotion – und keinen Toaster – zum Muttertag schenkt, da sagt Mutter Claasen: »Was für ein Sohn!« Ganz Clausthal-Zellerfeld nimmt Anteil an ihrer Freude.

Eintrittskarten

Worüber freuen sich Mütter ein Loch in die Mütze? Zum Beispiel über Eintrittskarten fürs Kino, Theater, ein Musical oder ein Konzert. Um das Vergnügen zu steigern, würden sie viel lieber eine gute Freundin oder ihre Nachbarin mitnehmen, als ausgerechnet den Gatten. Mädels unter sich können ja so viel Spaß haben.

Falls Sie Ihrer Mutter also Eintrittskarten schenken: Kaufen Sie zwei und sagen: »Die sind für dich und Charlotte. Da könnt ihr euch einen schönen Abend machen. Da fällt mir ein: Brauchst du eigentlich noch die Perlenkette? Die habe ich schon seit Jahren nicht mehr an dir gesehen.«

Sekt inkognito

Caroline Cämper aus Calw lädt ihre Mutter zum Essen in ein argentinisches Restaurant mit lauter Argentiniern ein. Kurz vorm Nachtisch verschwindet Caroline vom Tisch, angeblich, um die Waschräume aufzusuchen, so macht sie es jedenfalls Mutter Cämper weiß. In Wahrheit aber läßt sie ihrer armen irregeführten Mutter ein Glas Sekt am Tisch servieren, angeblich von einem Argentinier spendiert. Als Caroline zurück zu ihrem Platz kommt, findet sie Mutter beschwingt, errötet und an einem Sektglas nippend. Was für ein cleverer Trick! Mutter Cämper erzählt ihr Erlebnis: »Inkognito! Keine Ahnung, welcher es war« und so weiter.

Und für ein schäbiges Glas billigen Sekt wird Caroline zur Verbündeten von Mutter Cämper. »Das erzählen wir aber nicht dem Papa!« »Besser ist das«, entgegnet die gerissene Caroline. »Apropos besser: Dein Wagen ist viel besser als meiner. Wollen wir nicht mal tauschen?«

Fahrstunden

Bestimmt freut sich Mutter über ein paar Fahrstunden zum Auffrischen! Zumindest, wenn sie in den letzten dreißig Jahren nicht fahren durfte – da sei Vater vor! Der wird davon weniger bis gar nicht begeistert sein. Deshalb überlegen Sie vorher genau, was Sie mit dem Geschenk erreichen wollen und ob sich der Einsatz lohnt. Wenn Sie Pech haben, verscherzen Sie es sich mit Vatern. Da heißt es abwägen.

Angenommen, der kleine Jonas geht demnächst täglich zum Kinderturnen. Da muß ihn jemand hinbringen (mit dem Auto), und da muß ihn jemand abholen (dito). Wenn Ihre Mutter schon lange scharf war auf einen Chauffeurs-Job – oder sie zumindest nicht gut nein sagen kann – dann könnte das Geld für die Fahrstunden gut angelegt sein.

Internet-Anschluß

Ist Ihr Vater für technische Neuerungen aufgeschlossen? Hat er Spaß daran, sich in tote Sachverhalte reinzufummeln und zu tüfteln? Dann wäre ein Internet-Anschluß goldrichtig!

Sie fragen sich, was diese Idee im Mütter-Special zu suchen hat? Für Ihre Mutter ist es das schönste Geschenk, das Sie ihr machen können. Im Internet findet man zu jedem möglichen Thema sogenannte Chatrooms, in denen man seine Meinung äußern kann. Das bedeutet: Ihre Mutter muß sich nie wieder anhören, was Vater zur Weltpolitik, zur Wirtschaftslage in Taiwan, zum Kurs der SPD oder zum Trainerwechsel bei Eintracht Frankfurt zu sagen hat. Ein größeres Geschenk können Sie Mutter (und noch zu Hause wohnenden Geschwistern) gar nicht machen. Und so teuer ist das auch nicht: Sie stiften nur das Modem, die Gebühren zahlt Mutter freiwillig.

Buch

Schenken Sie Ihrer Mutter ein Buch, das sich über Männer lustig macht. Das baut auf. Sie wird – wie alle Frauen – Spaß haben an Gehässigkeiten und am Spott. Titel erfahren Sie von intriganten Buchhändlerinnen. Passen Sie den richtigen Moment ab: Wenn Muttern hämisch grinst und sich offenbar nur mühsam eine fiese Bemerkung verkneift, schwatzen Sie ihr Ururgroßvaters Taschenuhr ab.

Frauennachmittag

Carmen Callmeier aus Cottbus ist mit allen Wassern gewaschen. Sie verbringt den Muttertags-Sonntagnachmittag mit ihrer Mutter. Vater Callmeier wird vorher des Hauses verwiesen mit Hinweis auf die Frauenrunde.

Carmen besorgt beim besten Konditor von Cottbus ein riesengroßes Tablett mit Cremetörtchen, sämtliche Sissi-Filme und alle Dornenvögel-Folgen auf Video und einige Flaschen Sekt.

Es ist ein gemütlicher Nachmittag, den die beiden Callmeier-Frauen miteinander verbringen. »Der schönste Muttertag seit langem« – so das Urteil der Mutter.

Abends fährt Carmen wieder nach Hause. Einen Tag später läßt sie den Biedermeier-Sekretär abtransportieren, den Mutter Callmeier ihr nach dem vierten Gläschen Sekt und dem fünften Cremetörtchen versprochen hat. Clevere Carmen!

VÄTER-SPECIAL

Charly Callas aus Cronenburg weiß seit Jahren, was er machen kann, um die Gunst seines Vaters zu erringen. Er schenkt nicht viel, er schenkt nicht gern, er schenkt richtig.
Seit Jahren wird Vater Callas von allen mit Werkzeug, Autozubehör und Krawatten malträtiert. Wo es ihn doch nicht die Bohne interessiert. Und Charly (denn er kennt die Männer!) weiß das auszunutzen. Vor jedem Fest nimmt er Vater Callas verschwörerisch auf die Seite: »Und morgen dann, pünktlich, gleiche Stelle, wie immer.« Ein leichtes Grinsen auf Vaters Gesicht zeigt Charly, daß er schon darauf gewartet hat. Same procedure as every year!

Denn Charly geht mit Vater Callas auf den Court. Squash heißt das Zauberwort. Und er weiß, was sich gehört. «Wetten, daß Du mich dieses Jahr nicht schlägst«, meint Charly zuversichtlich. Man ahnt schon den Betrug. »Wer verliert, muß zahlen, auch die Biere nach dem Duschen!«

Nach hartem Kampf siegt Vater Callas. Wäre doch gelacht, denkt der verschwitzte Vater. Doch Charly denkt an anderes. Denn in die USA, im nächsten Jahr, da können die Kinder noch nicht mit. Die bleiben besser in Cronenburg. Darüber aber redet er erst bei den Bieren.

FUSSBALLABEND

Wenige Dinge lieben Väter mehr, als einen ruhigen Fußballabend vor der Glotze. Und dann noch mit dem Sohnemann. Erstaunlicher noch, wenn sich die Tochter als Fußballfan outet. Wer auch immer: Schenken Sie Vater eine Tüte Chips, ein paar Biere und vergessen Sie nicht, sich selbst einzuladen. Ihrer Freundin oder Ihrem Freund können Sie ja sagen, daß Sie sich nur opfern. Wie furchtbar das ist und so weiter. Vergessen Sie nicht, eine Leidensmiene aufzusetzen, wenn Sie losgehen.

Bastelanregungen

Was lieben Väter mehr als Herumbasteln? Schenken Sie ihm zum Beispiel ein Modem und einen Internetzugang. Um die Freude vollkommen zu machen, verlegen Sie Einbau-, Einrichtungs- und Bedienungsanleitungen. Wäre doch gelacht, wenn Vater das nicht auch so hinkriegt.

Viele glückliche Stunden wird er nun fluchend und schimpfend (Väter lieben das!) damit verbringen, das Modem einzubauen und wieder auszubauen. Den PC aufzuschrauben und ihn wieder zuzuschrauben. Mit dem Expertenfreund am Telefon zu diskutieren, in den Elektronikfachmarkt zu spurten, dann noch einmal und noch einmal zum Umtausch, die Reklamationen, und dann, der glückliche Moment nach einigen Wochen harter Arbeit: der Einstieg ins Internet. Was macht das Vater froh.

Internetzugang

Christina Callas, Charlys Schwester, hat auch gelernt, was Vater mag. Er liebt das Sitzen vor der Glotze, der Internet-Glotze. So schenkt sie ihm, die kluge Frau, seit Zeiten Internet(zeiten). Und Vater ist zufrieden. Und Mutter auch (wir wissen schon). Nun kann er nach Herzenslust surfen, in Newsgroups seinen Sermon lassen und heimlich in Chatrooms flirten. Codenamen Clarissa! (Wir haben nichts dagegen.)

Vaters Grillfest

Zuletzt ein Klassiker, der etwas Aufwand macht. Was Colette, Charlys andere Schwester, nicht stört. Einmal im Jahr organisiert sie Vater Callas ein Fest, das Grillfest. Und das ist schnell gemacht: Grill aufgebaut, Fleisch gekauft, Vaters Freunde angerufen, Bier gekühlt und fertig. Und während Vater Callas feiert, guckt Colette in die Glotze, in Vaters Internet-Glotze. (Wir meinen, das ist ein gerechter Ausgleich!)

GESCHENKE FÜR FEIGLINGE, MUTTERSÖHNCHEN UND -TÖCHTERCHEN

Wer sich nicht traut, eine der vorgestellten Ideen zu verschenken, dem müssen wir wohl oder übel doch helfen: Auch Feiglinge, Muttersöhne und -töchterchen sollen nicht außen vor bleiben. Da sie Mutter und Vater sowieso permanent umschmeicheln und umschwärmen, müssen wir ihnen keine großen Erläuterungen zu den Geschenken geben. Sie wissen genau, wie sie es machen müssen, daß Papa und Mama sie einmalig, wunderbar und erbwürdig finden. Schließlich praktizieren sie das seit Jahren überaus erfolgreich.

Besondere Macken

Für Hypochonder
- Poster von Medi und Zini
- Buch »Gesundes Kochen«
- Abo von »Men's Health«
- Blutdruckmeßgerät
- Wärmflasche
- Expander, Hanteln
- Raumbelüfter
- Massagebürste
- Rosmarinölbad
- Nackenrolle
- Pillendöschen
- Knoblauchpillen
- Vitamin-C-Pulver

Für Elektrofans
- Elektrischer Insektentod
- Tischventilator

Für Scherzkekse
- Witzbücher
- Blechschilder mit Aufdruck

Für Vergeßliche
- Notizbücher, Blöcke
- Telefonregister
- Schlüssel-Pieper

Für Hobbyfans
- Clubmitgliedschaft

Für Sicherheitsfanatiker
- Vorhängeschlösser
- Fernglas
- Bewegungsmelder
- Fahrradsattel
- Fahrradklingel, -lenker
- Fahrradkorb
- Adreßanhänger für Haustiere

Für »Intellektuelle«
- Lexikon
- Visitenkarten und Box
- Briefpapier mit Aufdruck
- Stempel mit Adresse

Themengeschenke

Reisen/Urlaube
- Thermoskanne
- Beautycase
- Reisewecker, -bügeleisen, -fön, -nähset, -hausschuhe
- Picknickkoffer
- Euroumrechner
- Gepäckkuli

Garten/Balkon
- Gartengrill
- Gartenleuchten
- Wetterhahn
- Vogeltränke
- Futterhäuschen
- Schnittfeste Handschuhe
- Windlicht

Haus/Wohnung
- Zierkissen
- Windspiel
- Garderobenhaken
- Fußbank
- Weinregal
- Fußmatte
- Türschild
- Magnettafel
- Bettisch/-tablett
- Schuhanzieher und Kratzhand mit Teleskop (2 in 1)
- Handtuch und Waschlappen mit eingesticktem Namenszug
- Deko für Weihnachtsbaum oder Osterstrauß
- Zeitungsständer
- Briefkasten
- Buchstützen

Küche
- Joghurtmaschine, Eismaschine
- Küchenuhr
- Küchenkurzzeituhr
- Tupperware
- Backformen
- Römertopf
- Essig- und Öl-Karaffen
- Nudelmaschine
- Sektkühler

Müttergeschenke

- Gutscheine für Massage, Kosmetikerin, Schönheitssalon, Maniküre und Pediküre
- Sets und Decken zu Ostern, Weihnachten, Nikolaus, Pfingsten
- Serviettenringe
- Schmuckkästchen
- Bonbonnière
- Edelsteinabfall

Sammlungen

- Entspannungs-CDs (Meeresrauschen, Gebirgsbach, Regen, Gezwitscher)
- Duftöle und –lampe
- Service (Kaffee, Tee, Bestecke)
- Gläserserien (Wein, Bier, Schnaps)
- Zinnteller
- alte Münzen
- Jahreschronik

Gutscheine

- Geschäfte
- Zoo
- Konzerte
- Ballonflug
- Fensterputzer
- Restaurant um die Ecke
- Bundesbahn

Sonstiges

- selbstgemachte Pralinen
- Schlüsselanhänger
- Schirm
- Dinge mit Gravur: Feuerzeug, Messer, Füller, Schlüsselanhänger
- Brillenetui
- Portemonnaie

Danksagung

Wir möchten den Textern folgender Kataloge ausdrücklich danken:

»Profi-Partner. Profi-Qualität für den Heimbedarf« – »3 Pagen Versand« – »Tina. Neue Ideen aus aller Welt.« – »Die moderne Hausfrau«.

Ohne sie wären wir nie auf die Idee gekommen, dieses Buch zu schreiben. Danke auch an alle Autoren von Geschenke-Ratgebern. Durch sie wurde uns klar, was für ein Buch wir auf keinen Fall schreiben wollten.

Geschenk	Person	Anlaß	Datum	Woher	Beteiligte Schenker	Bemerkungen

Geschenk	Person	Anlaß	Datum	Woher	Beteiligte Schenker	Bemerkungen

Geschenk	Person	Anlaß	Datum	Woher	Beteiligte Schenker	Bemerkungen

Geschenk	Person	Anlaß	Datum	Woher	Beteiligte Schenker	Bemerkungen

Geschenk	Person	Anlaß	Datum	Woher	Beteiligte Schenker	Bemerkungen

Geschenk	Person	Anlaß	Datum	Woher	Beteiligte Schenker	Bemerkungen

Stephan Sarek bei Rake

„KönnenPinguine fliegen?"

13 Erzählungen, 1996,

ISBN 3-931476-04-9

Stephan Sarek, erzählt in seinem Buch „Können Pinguine fliegen?" 13 skurrile, episodisch angelegte Geschichten über das Leben, Älterwerden, die Liebe und Kinder, Ufo's. und absonderliche Ereignissen. Sarek beeindruckt durch seinen feinen und kurzweiligen Humor, mit dem er die Probleme unserer Zeit andeutet, sie miteinander verknüpft, sie gegeneinander ausspielt und Lösungen schildert, die gelebt und nicht nur gedacht werden.

»Er (Sarek) hat Fantasie, verwebt Skurriles mit Fantastischem, fügt Alltägliches bei, würzt mit Satire und bekennt sich zu einer »gewissen Naivität«. Stephan Sarek verleiht nicht nur einem Schwein Flügel, sondern auch der Fantasie des Lesers. »Können Pinguine fliegen?« Warum nicht. Verliebte Bären können es doch auch!«

Frankfurter Rundschau

»Das Truthuhnparadies«

Roman, 1997,

ISBN 3-931476-06-5

»Das Buch gleicht einer rauschenden Party«

Oberhessische Presse

»Sarek fabuliert in seinen Geschichten erfrischend vom Zusammenhang von Zufall und Notwendigkeit, erfindet skurrile, pralle Alltagsereignisse zuhauf, man merkt, hier ist ein begabter Erzähler am Werk."

Hannes Hansen, Kieler Nachrichten

Stephan Sareks Geschichte sprüht vor Witz, und in der Situationskomik sucht er seinen Meister. Immer wieder bildet der Handlungsfluß Wirbel und Strudel, die die Leser in ihren Sog ziehen und ein Lachen herauskitzeln, das den Atem nimmt. Ein Buch, das die Absurdität des Alltags mit feinem und liebenswertem Humor enthüllt.

»Der Mumiengarten«

Roman, 1998,

ISBN 3-931476-18-9

Zum dritten Mal läßt Stephan Sarek seine Phantasie auf Hochtouren laufen und entzückt mit seiner Heldin Sophie, einer jungen, alleinerziehenden Mutter, die einen alten Mann davor bewahrt, in ein Altenheim abgeschoben zu werden. Sarek schildert nicht nur, wie schnell sich der eintönige Alltag in ein spannendes Abenteuer verwandeln kann, sondern führt uns ein schillerndes Figurenensemble vor Augen, dem augenblicklich Symphatie entgegenbringt. »Der Mumiengarten« ist Krimi, Screwball-Komödie und Fantasyspaß, den es in dieser Form bislang noch viel zu selten gibt. Ein undurchschaubarer Leichenbestatter, ein kindlicher Batman und verwechselte Mumien sowie eine amazonenhafte Protagonistin verhelfen – natürlich! – dem Guten zum Sieg.

»›Der Mumiengarten‹ ... Fast schon ein Kunstwerk.«

tip, Berlin Magazin

»Das Hanfkraftwerk«

Roman, 1999,

ISBN 3-931476-24-3

Das kleinstädtische Leben in Kastanar reagiert nicht sehr besonnen, als eine Gruppe von Studenten um Ilka Jakoby mit ihrem Professor Gaston es schaffen, eine alternative Energiegewinnung mittels Hanf zu entwickeln.

Die Studenten inszenieren einen Notstand, um den grünen Bürgermeister zu einem Testlauf ihres Verfahrens im AKW zu zwingen; die Ereignisse überschlagen sich. Ihre Inszenierung wird von der Wirklichkeit eingeholt, und folgenreiche Mißverständnisse stellen den Verlauf der Geschichte immer wieder auf den Kopf. Die Zeitungsmeldung, Joschka Fischer habe das Amt des Bundeskanzlers übernommen, verändert die Situation zugunsten der Studenten; der Testlauf findet statt. Als das Verfahren tatsächlich die erhoffte Wirkung bringt, scheinen die Studenten gewonnen zu haben. Doch plötzlich erkennen sie die wahren Hintergründe der Geschichte. Der Wettlauf beginnt erneut. Schafft Ilka es, das Netz aus Intrigen, Korruption und Habgier offenzulegen?

In der Reihe 101 GRÜNDE ist bei Rake erschienen

101 GRÜNDE Ohne Frauen zu leben

ISBN 3-931476-41-3

Die Verbindung von Mann und Frau ist eine Erfindung der Zivilisation.

Wollen Sie den Unmut des Klerus, der Historiker, aller Ex-68er und eines Großteils der Frauen auf sich ziehen? Riskieren Sie es mit dem Kauf dieses Buches und schauen Sie nach, ob nicht noch ein paar Gruppen fehlen! Ein Buch, in dem Männer sich erkennen und das Frauen endlich einen Einblick in die verwirrende Gedankenwelt ihrer besseren Hälfte erlaubt. Also Pflichtlektüre für Männer, Frauen und alle, die sich noch nicht ganz entschieden haben.

101 GRÜNDE Ohne Männer zu leben

ISBN 3-931476-43-x

»Arme Männchen, arme stolze Pfauen! Sie spreizen ihr Rad zu Eroberungen, kaum daß sie laufen können!«

Jean Anouilh

Durch Türenknallen, Tooor-Brüllen, Schnarchen, Zähneknirschen und Pfeifen ist der Mann nachweislich die häufigste Geräuschbelästigung im Alltag. Wer kennt sie nicht, die kleinen und größeren Widrigkeiten, die da heißen hygienische Abarten, sexueller Hochleistungszwang und haarsträubende Häßlichkeit? Gerlis Zillgens hat uns 101 Gründe gegeben, ohne Männer zu leben. Das Pendant zu »101 Gründe Ohne Frauen zu leben« ist ein erstklassiger Return, spritzig, witzig, frech!

Mit einem Vorwort von Erika Berger!

101 GRÜNDE Nicht zu studieren

ISBN 3-931476-42-1

Man sollte Eintritt dafür verlangen!

Bernd Zeller, Autor für die Harald-Schmidt-Show (»unser Ossi«) und mit reichhaltigen Erfahrungen als Student ausgestattet, hat aus dem Vollen geschöpft. Herausgekommen ist eine erstklassige Satire über die Unis und das Studentenleben, über die Professoren und ihre Marotten. Das Ergebnis: Die Uni ist ein Mikrokosmos, in dem jede Art von Macken, Neurosen und Psychosen aufs Prächtigste gedeiht.

101 GRÜNDE Kein Fernsehen zu gucken

ISBN 3-931476-40-5

Unsere tägliche Soap gib uns heute, und führe uns nicht in Versuchung, anstatt in die Röhre zu gucken, Bücher zu lesen. Es sei denn, es sind Bücher über das Fernsehen.

46 Jahre TV sind genug! 101 lästerliche Betrachtungen von den erfahrenen Fernsehautoren Kowalski und Klocke zum schrillsten Medium der Welt samt seiner Heldinnen und Helden. Der Blick hinter die Kulissen offenbart so manch stillgehaltenes Geheimnis, das amüsant und provozierend mit den Stars und Sternchen und deren Machern abrechnet! Ein Buch für alle, die Fernsehen hassen. Oder lieben.